毎日のごはんで、
心・からだ・味覚の発達を促す

0~5歳 子どもの味覚の育て方

とけいじ千絵

もくじ

4章　親子で育む食習慣

はじめに

味のわからない子どもが増えている？

食育・卓育スペシャリスト
フードアナリスト
とけいじ 千絵

最近、「子どものおよそ3割が味覚を正しく認識できない」という研究結果がニュースとして流れ、子育て中のお母さんたちに少なからずショックを与えました。塩味と苦味の区別ができなかったり、酸味がわからなかったりする子どもが3分の1もいると聞けば、「うちの子は大丈夫かしら？」と不安になるお母さんも多いことでしょう。

　人の味覚にとって、離乳期・幼児期を通じて何を食べてきたかは、非常に重要です。また、味覚に関してだけではなく、およそ食事に対してポジティブなイメージを生涯持ち続けることができるかどうかは、この時期にどれだけ楽しみながら食事をしたかで決まります。

　核家族化が進み、子どもの食に関しての責任をお母さんが一身に背負う家庭が増えています。毎日の食事が負担になってはいませんか？　苦しくなっていませんか？　この本はそんな人を応援したいという思いで作りました。

　まずは、子どもと一緒に味わって、一緒に食事を楽しんでください。そのうえで、「子どもの味覚を育てる」ことを考えてみてください。子どもが食を楽しめるように、食を通じて人生が豊かになるように、サポートしていきましょう。

1章 味覚の仕組みを知ろう

味とは、食べものが持っている特性や成分を舌で感じるもの。その舌で感じる能力を味覚といいます。味覚には、どんな種類や役割があるのでしょうか。それは、いつ頃からできてくるのでしょうか。

「子どもの味覚を育てる」ということは「いろいろな味のおいしさを知る」こと

大人の味覚に近づく味の学習を手助けしよう

よく、子どもの味覚はいつ頃から発達しますか？　と聞かれます。実は、子どもは生まれたときから味覚を持っており（塩味は生後3か月くらいから）、その味覚はシンプルでわかりやすいものです。つまり、甘味、うま味、塩味といった、生存に必要な味を「おいしい」と感じ、身に危害を及ぼしかねない酸味や苦味は、「まずい」と感じるのです。

しかし、大人はどうでしょう。ピーマンやししとうの持つほのかな苦味を「おいしい」と感じ、土臭いごぼうやれんこんを好んで食べたりします。ビールやワインなどのお酒類も、子どもの頃には苦いだけのものだったのが、大人なるにつれ好きになり、止められなくなったりします。

どうやら、大人の味覚のほうが、いろいろな食べものの味や食感を楽し

子どもの発達の目安

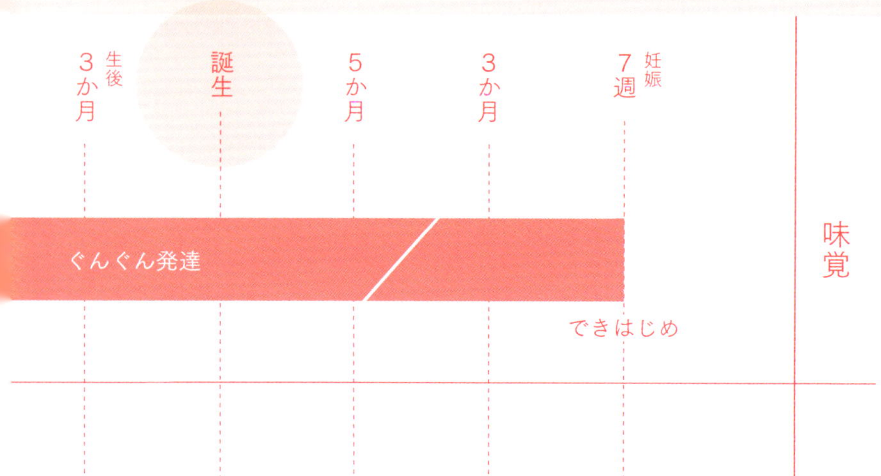

めそうだと思いませんか？
　そこで私は、「子どもの味覚を育てる」というのは、わかりやすい味を卒業して、さまざまな味を受け入れて楽しむこと、大人の豊かな味覚に近づけていくこと、と考えました。
　なぜかと言うと、大人の味覚というものは、子どもの成長に伴って自然に獲得するものではなく、大半は学習によるものだからです。
　たとえば、これまではわかりやすい甘い味や脂肪味のあるものをおいしいと感じていた子どもが、たまたま食卓にあったほうれん草のおひたしを食べてみたら、「おいしい」と感じた。それが味の学習になるのです。
　そうやって、味覚の幅をどんどん広げて、豊かにしていく。その助けができるのは、日々食事を作る人です。子どもが好きなものや、わかりやすい味だけを与えないようにして、子どもの味覚を彩り豊かに育ててあげましょう。

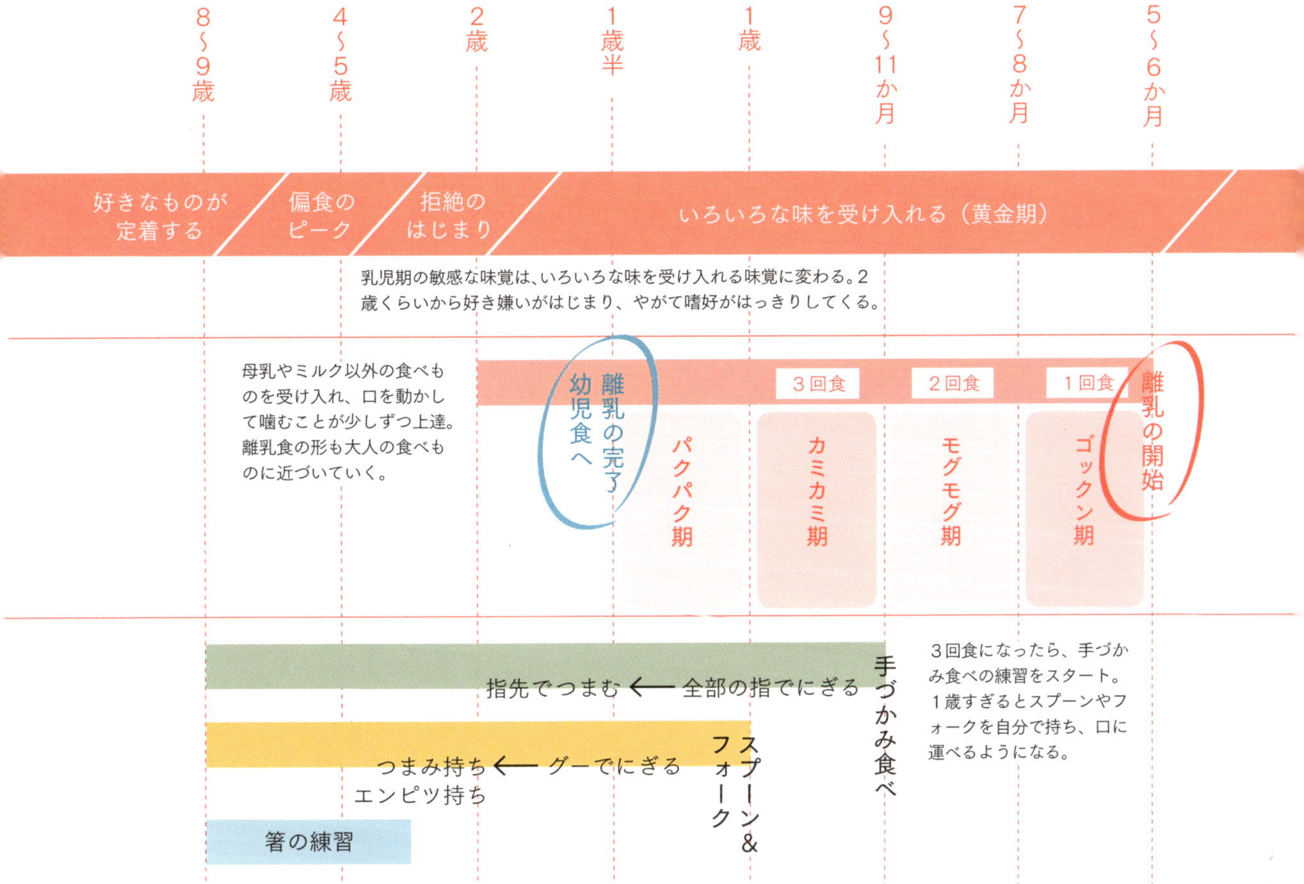

基本の味は5つ

生きていく上で必要な五味は生後すぐから識別できる

私たちが食べものを口に入れたときに舌で感じる味は、基本的に、甘味、塩味、酸味、苦味、うま味の5つに分類され、これを「五味」と言います。うま味の代わりに辛味を入れる国もあります。五味以外には、脂肪の味も舌で感じられます。

五味にはそれぞれ働きがあり、それぞれの味が発している信号があります。甘味や適度な塩味、うま味は、体にとって必要であるというポジティブな信号を発し、苦味や酸味は、体に害を与えるネガティブな信号として発せられます。当然、赤ちゃんは苦味や酸味が嫌いです。苦味は「毒があるかもしれない」という信号だし、酸味は「腐っているかもしれない」という信号だからです。赤ちゃんは自分の身を守るために、敏感に味を感じ取っていると言えます。

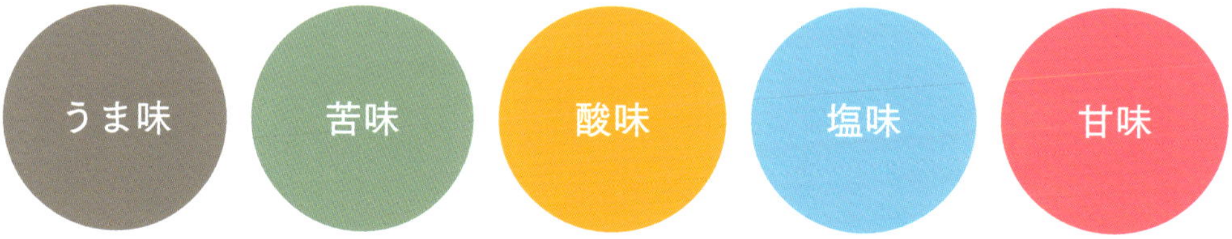

ふだんの顔

赤ちゃんは甘い味をなめると、ほっこりした顔に、すっぱい味や苦い味をなめると、口をすぼめたり、ゆがめたりします。それは生後すぐから味を識別する能力があるからです。

苦い

すっぱい

甘い

五味の役割

五味にはそれぞれ意味するものがあります。体に必要な物質の存在を知らせる「甘味」「塩味」「うま味」に対して、「酸味」「苦味」は体に害をもたらすかもしれないという、警告の信号として働きます。

甘味

エネルギー源になる糖分があることを知らせる。砂糖に含まれるショ糖、炭水化物が分解されてできるブドウ糖などから生じる。ただし、甘いものを過度に摂る習慣がつくと、甘味に対する味覚が鈍ってくる。

塩味

体液のバランスを取るのに必要なミネラルがあることを知らせる。代表的な塩味は、塩化ナトリウム（食塩）に含まれるナトリウムイオンによるもの。塩辛いものを摂るのが習慣になると、塩味に対する味覚が鈍ってくる。

酸味

果物が熟していなかったり、食べものが腐っているときに酸っぱく感じることから、未熟や腐敗の警告と捉えられる。一方、酢に含まれる酢酸や、レモンや梅干しに含まれるクエン酸など、おいしさに通じる酸味もある。

苦味

多くの毒物が苦いことから、「ここに毒がある」という警告を発する。そのため、不快な味だと感じて吐き出し、毒を避けることができる。カフェインのように、子どもには毒だが大人の嗜好品として好まれる苦味もある。

うま味

うま味は生きていく上で不可欠なタンパク質の存在を知らせる。肉や魚、かつお節にはイノシン酸、昆布やチーズにはグルタミン酸、干ししいたけやきのこ類にはグアニル酸といったうま味成分が含まれている。

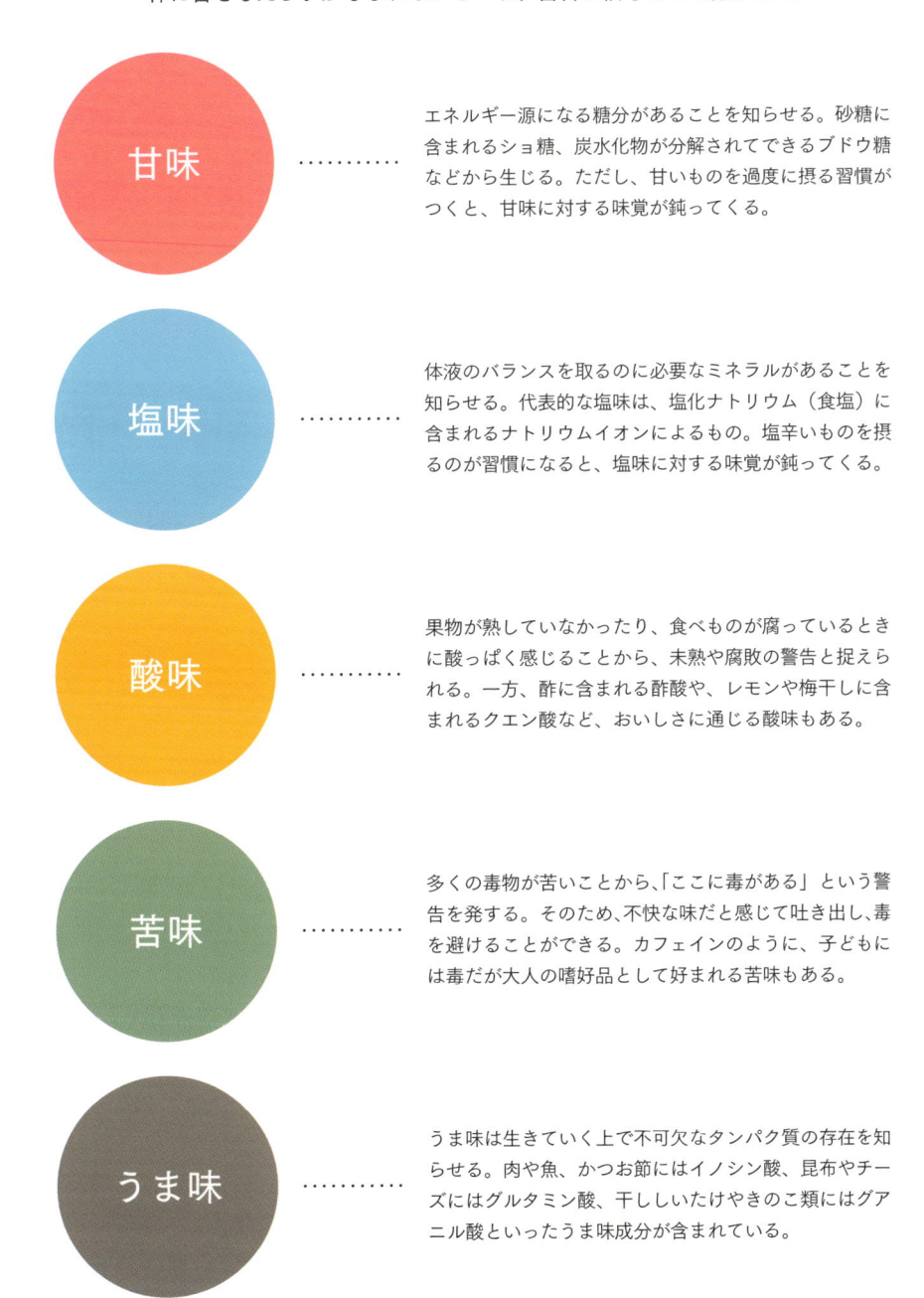

味を感じるのは舌にある味《み》蕾《らい》

味蕾のひとつひとつに五味を感知する細胞がある

味とは、食べものを口に入れたときに舌で感じるもの。では、味を感じる舌のメカニズムはどうなっているのでしょう。舌の表面には乳頭と呼ばれる粒状のものがあり、それぞれの乳頭の上に玉ねぎ状の味蕾がついています。味蕾の中には味細胞があって、それが味を感知する機能を果たします。つまり、食べものを歯で咀嚼し、唾液と混ざり合ったものが舌にある味蕾に触れることで、味を感じるのです。

次に味蕾の仕組みを見てみると、それぞれの味蕾には甘味、塩味、うま味、酸味、苦味と別々に感知する受容体があります。そこから別々に、味覚神経を通じて脳に伝達されます。つまりは、味蕾がたくさん存在している舌のどの場所でも、五味を感じることができるというわけです。

味蕾

味蕾の中には味細胞があり、その先端を覆っている生体膜に、唾液などに溶けた食べものがサーッと触れることで、味覚神経を通じて脳へ刺激が行き、味を感知する。

味覚の伝わり方

味蕾の中には５つの基本味を別々に感知する受容体があり、それぞれの味覚情報を別々に脳の中枢神経へと伝達する。

「おいしさ」は香りや色、形でもキャッチ

子どもの状態や雰囲気もおいしさを左右する

子どもが「おいしい」と感じるのは、基本的には体に必要な味。しかし、同じものでも家の中で食べるのと、外の公園で友だちと食べるのでは味が違うように、おいしさは味覚以外の要素によっても左右されます。

香りがいいか悪いか、噛み心地はどうかでも違ってくるし、形がかわいいとおいしいと感じたりします。また、疲れていたり眠かったりするとおいしくないし、「早く食べなさい！」などと急かされたりすると、味を感じるゆとりもありません。そのときの子どもの状態や、それまでに得た食べものの情報、時間、場所、雰囲気などの環境も、おいしさを構成する要素になります。

子どもが食べるのを嫌がるときは、これらの要素のどこを不快に感じているのか、考えてみましょう。

おいしさを構成するのは…

味覚

５つの基本味の中で、甘味・塩味・うま味はおいしい、酸味・苦味はまずいと感じる。そのほか、辛味は痛いと感じ、渋み・えぐみはしびれるような刺激として感じる。

嗅覚

香りや匂いはおいしさを識別する決め手となる。記憶に留められることが多く、うなぎの蒲焼きの甘く香ばしい匂いはその代表例。食欲をわかせる要因にもなる。

状態・情報・環境

歯の生えはじめや具合が悪いとき、疲れていたり、叱られたりしたときは、おいしさを感じられない。眠い時間帯だったり、うるさい場所だったり、暑さ寒さも影響してくる。

視覚

子どもは本能的に暖色系の食べものを好む。白いものが好き、緑のものは嫌いというような、色にこだわりを持つ子も多い。形や光沢、透明感などもおいしさの要素となる。

触覚・聴覚

熱すぎたり冷たすぎたり、極端な温度は嫌い。口に入れたときの固さややわらかさ、噛みごたえ、粘度もおいしさに関係するし、噛んだときの音も好きか嫌いかを決める。

おいしさを分類してみると…

おいしさは舌で感じる味覚だけではなく、さまざまな要素がそれぞれの感覚器官を通して脳に伝わった結果、おいしいと判断されるものです。これを客観的に考察してみると次の４つに分類されました。子どもにとってのおいしさの意味を考えてみましょう。

1
体が必要としているものを欲するおいしさ

体は必要な栄養素が欠乏しはじめると、それが生理的欲求につながる。疲れたときに甘いものを食べたくなるのは、糖質が分解されてできるブドウ糖を脳が欲しているから。運動後のお水がおいしいと感じるのも、体が求めているためだと考えられる。そのとき欲しているものに合致した味を「おいしい」と感じる。

2
すり込まれた味のおいしさ

客観的なおいしさとは関係なく、「おふくろの味」のように、小さい頃から味覚にすり込まれ、安心感があるおいしさ。みそ汁や納豆が日本独特なおいしさとして受け継がれているように、生活を営んでいる場の食文化が、次世代にも継承されていく。くさやや熟れ鮨など、ある地域の人にとってはソウルフードのような存在もある。

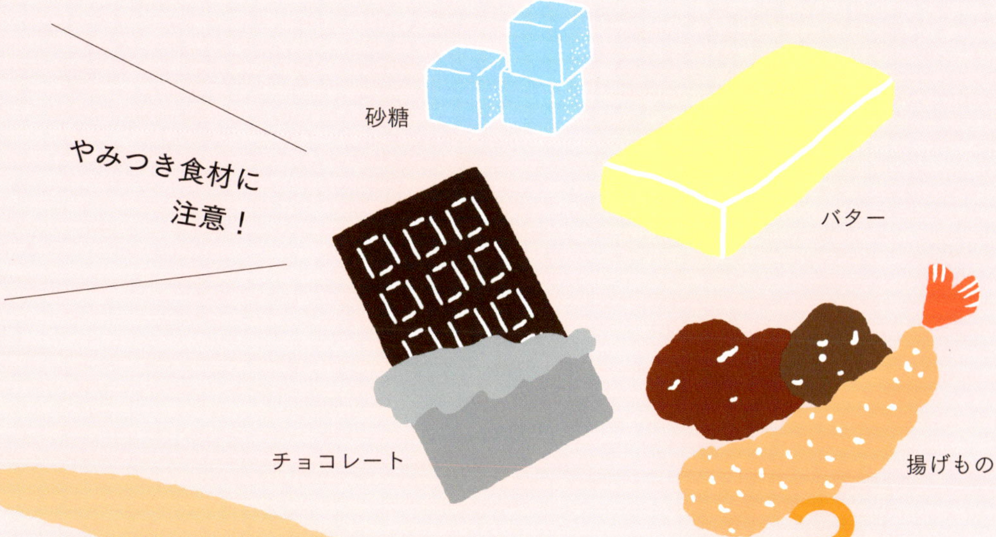

3
やめられなくなる おいしさ

特定の食材には、人をやみつきにさせる魅力がある。代表的な食材が砂糖と油脂。やみつき食材を摂ると、βエンドルフィンという脳内ホルモンが分泌し、幸せな気分になる。肉の脂や揚げものなども、やめられなくなる傾向がある。もう一つ挙げておきたいのが、かつおだし。かつおだしのうま味は、いい意味でやみつきになる。

4
目や耳から得た 情報によるおいしさ

幼児期になると、母親や友だちの話や、テレビなどからの情報量が増えてくる。実際の味より、「○○ちゃんが嫌いだから嫌い」「ひじきは気持ち悪い」などの先入観で食べず嫌いになったり、逆に、情報によっておいしいと思い込む場合もある。

乳幼児期に食べたものが味覚のベースをつくる

味の記憶をためる古い脳をよく使うのは3歳まで

子どもの味覚を育てるには、離乳期~幼児期でのおいしい味のすり込みが大切です。その理由は、脳の仕組みから説明がつきます。

脳には、動物が本来もっている古い脳と、進化の過程で得た新しい脳があります。下図の脳幹と大脳辺縁系は古い脳、大脳皮質と小脳を合わせたところが新しい脳です。

古い脳にある海馬は記憶を司るところで、食べものの情報もここに集められます。海馬にすり込みが行われると、食べものに対する嗜好ができます。この古い脳は3歳までに完成し、それまでは古い脳をメインに使います。このことからも0~3歳頃の「味覚のすり込み」が大切なことがわかります。その後は、古い脳と新しい脳を連動させながら、「おいしさ」を知っていきます。

脳の仕組み

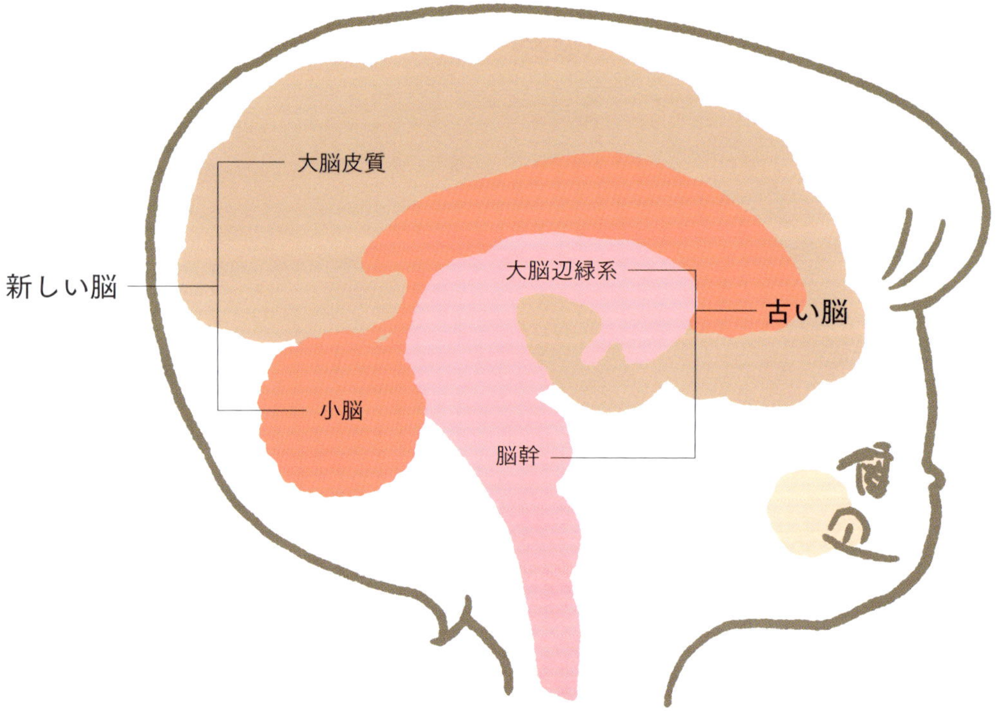

古い脳は動物が生きていくのに最低限必要な機能を担うところで、下等な動物でも持っている。新しい脳は進化の過程でできていったもので、人間の場合は肥大化している。古い脳をよく使う3歳くらいまでの時期に、古い脳の海馬にすり込まれた味は、大人になってからも味の嗜好のベースとなる。

2章 味覚を育てるメソッド

味覚はいろいろな種類の食材やさまざまな味を経験することで育っていきます。さらに味覚を定着させ、開花させるには、どうすればいいのでしょう。大人がやってあげられるメソッドを紹介します。

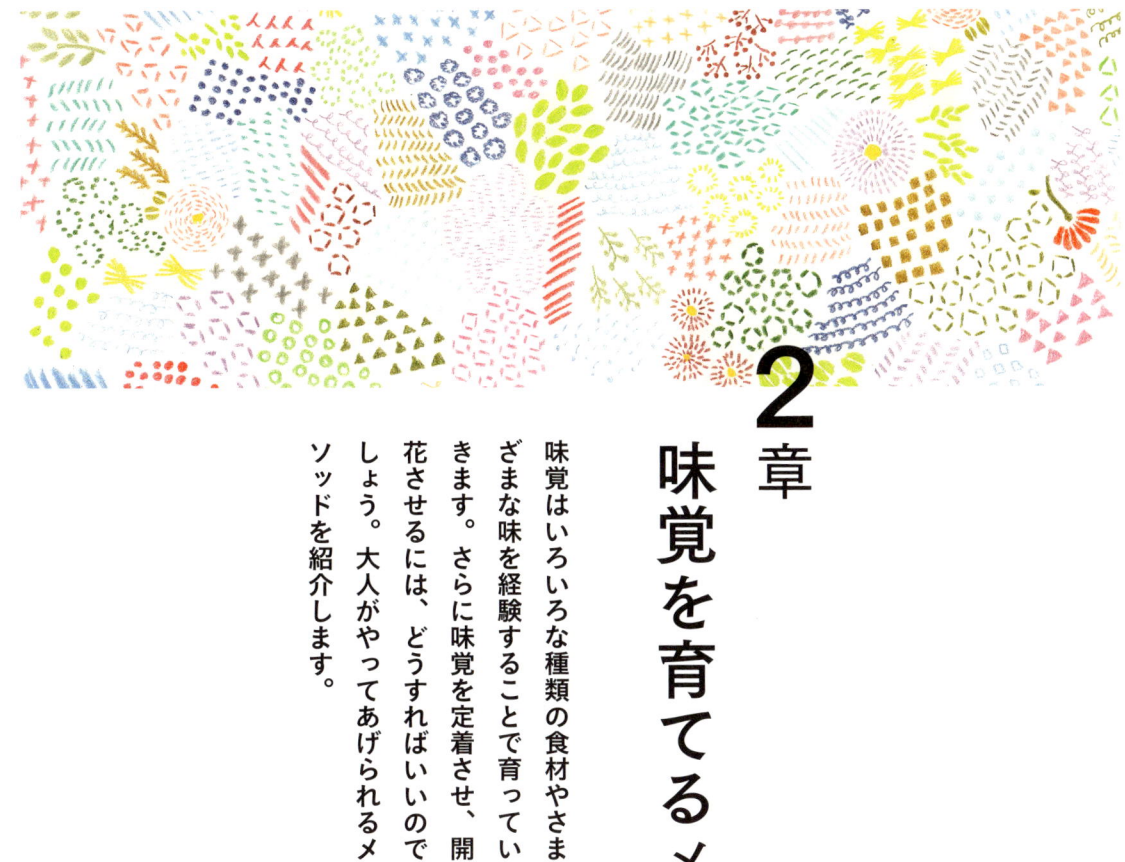

メソッド 1

いろいろな食材と味を経験させる

味覚の発達

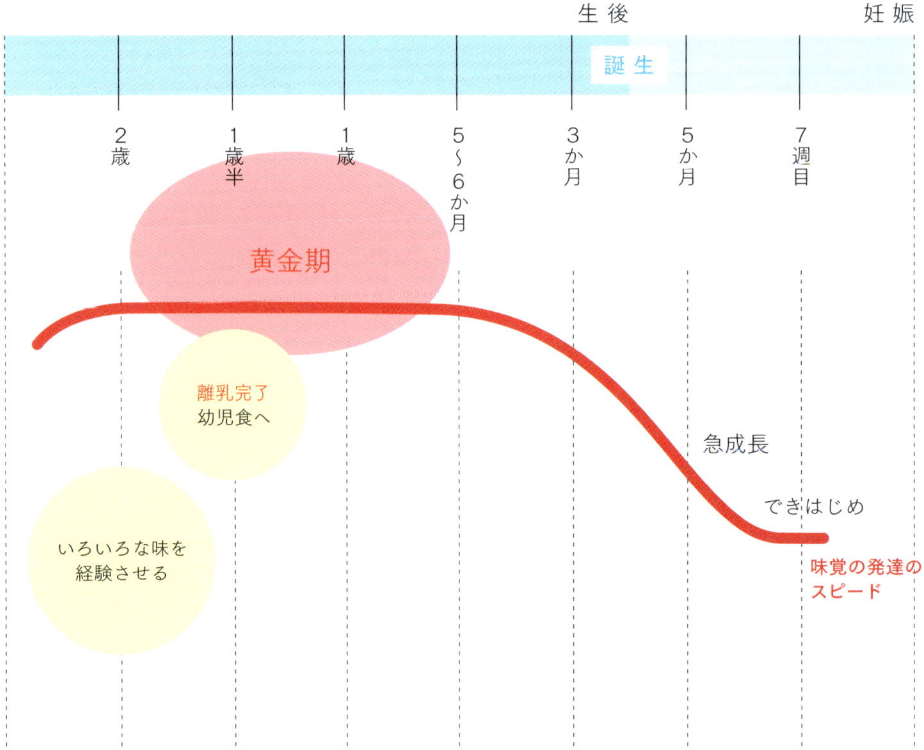

味覚は生まれる前の母親のおなかの中にいる胎児の頃（妊娠7週目頃）からできはじめ、生後3か月くらいまで急成長します。生後5か月〜2歳くらいまでは、いろいろな味を受け入れる黄金期。この時期が味覚の幅を広げるチャンスです。

離乳期から幼児期にかけては味覚を育てるチャンス

生まれたばかりの赤ちゃんの味覚はとても敏感。母乳やミルク以外の味を嫌がったりします。しかし、離乳食がはじまる頃になると、過敏だった味覚がやや落ちつき、いろいろな食材を受け入れるようになります。

離乳期には、できるだけ多くの食材を、食べやすい形状にしてあげ、食材そのものの味が楽しめるようにしましょう。3回食が順調にいき、1歳半くらいになって第一乳臼歯が生えてきたら、幼児食に切り替えます。そして2歳くらいになれば、大人の味つけに徐々に近づけていけるよう、レシピを工夫しましょう。

生後5〜6か月から2歳くらいまでは、どんな味でも受け入れて食べてくれる時期。好き嫌いがはじまる前のこの時期が、味覚を育てる絶好のチャンスなのです。

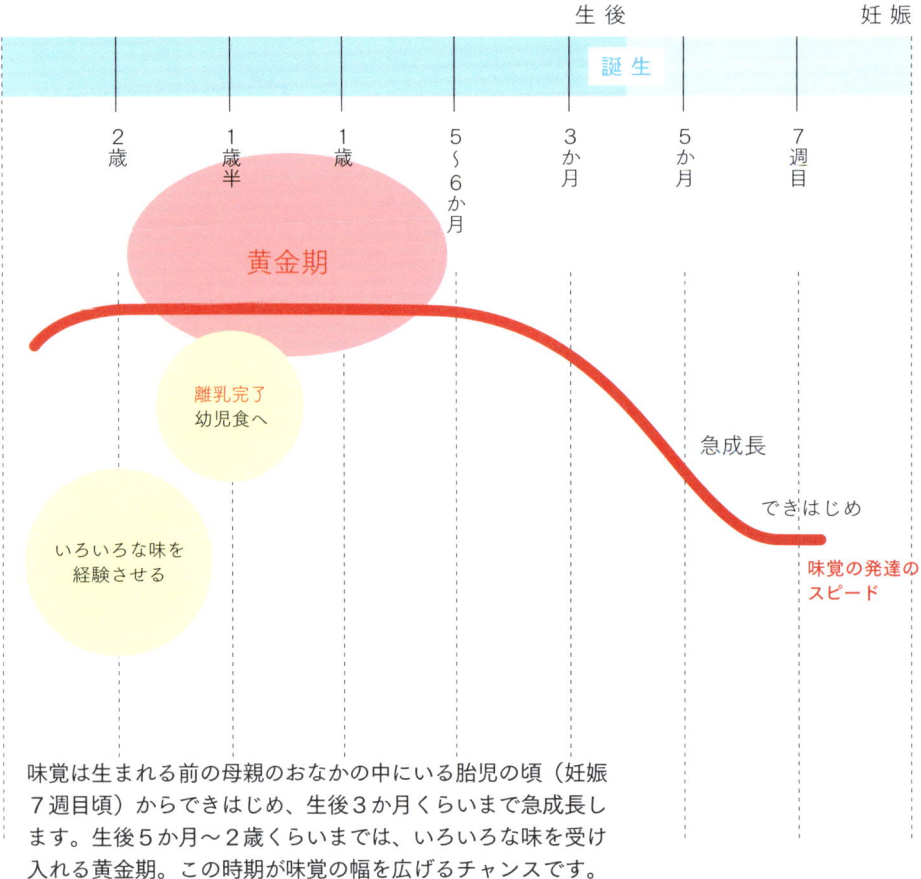

メソッド

2

くり返し与えて味を学習させる

すり込みの効果をうまく利用する

　大人だけでなく子どもも同じ食べものばかりだと飽きてしまいます。それでもあきらめずに、くり返し与えることが大事です。たとえば、1歳すぎた頃から味のついたごはんしか食べなくなることがありますが、ときどき白米を出すようにしていると、また食べるようになります。つまり、くり返しの学習によって嗜好が定着するのです。

　だしのうま味も、くり返しの学習で味覚にすり込まれます。ところが、強い味のものを与えてしまうと、せっかくすり込まれた味覚を妨害してしまいます。2歳くらいからは、大人が使う調味料を少しずつ試すのはいいことですが、たっぷり入れるのはNG。食材がもつ本来の味が学習できなくなり、味覚の幅を狭めてしまいます。

味をマスキングする食品

離乳期、幼児期を通してなるべく控えてほしいのがケチャップ、マヨネーズ、ソース、ドレッシングの４つ。味が強すぎて食材の味を消してしまい、味覚が鈍くなる危険があります。使うならごく少量を。

＊マスキングとは、本来その素材が持っている特性を隠してしまうこと。

ケチャップ

トマトだけでなく糖類、酢、食塩、玉ねぎ、香辛料などが含まれる。濃厚な味。

マヨネーズ

原料は植物油脂、卵黄、酢、食塩、調味料、香辛料など。油分が多いのが特徴。

ソース

野菜や果実、酢、食塩、香辛料などが原料。カラメル色素で着色したものが多い。

ドレッシング

植物油脂、酢、香辛料が原料だが、種類によって調味料や添加物が含まれる。

メソッド

3

だしのおいしさをすり込む

かつおだしのおいしさは、いつすり込まれる？

（マウスを用いた実験）

かつおだしもやみつき食材の一つ。このマウスの実験では、天然かつおだしにデンプンを添加したものを離乳期と成長期に与えてみた結果、離乳期に与えたグループにはやみつき行動が表れました。

グループ	生後 0～2週	離乳期	離乳期 完了後	結果
A	×		×	離乳期に与えると、 かつおだしにやみつきになる
B	×	×	×	どの時期にも与えないと、 かつおだしへの嗜好はなし
C	×	×		離乳期完了後に与えても、 かつおだしへの 嗜好はなし

龍谷大学 伏木亨教授の実験より

かつお節と昆布のうま味は離乳期のうちに教える

いまは食の多様化によって、いろいろな国のさまざまな味が簡単に手に入る時代です。糖分や油脂の多い食事をする機会も多く、それが子どもの口にも入ります。たまに少しであればいいのですが、甘味や脂肪味はやみつきになる味なので、過剰に摂ってしまいがち。そうならないためにも、日本の伝統的な味であり、食文化として確立している、だしのおいしさをすり込んでおきたいもの。それには上の表でわかるように、離乳期でのすり込みが最適です。

だしの基本の味はかつお節と昆布です。この2つをかけ合わせることで、うま味の相乗効果は7倍になると言われています。このうま味を知っている子どもは、将来的にも砂糖や油に偏らない健康な食生活ができるようになるでしょう。

だしの取り方

かつお節は、枯れ節を削ったものがベストですが、荒節を削った「花がつお」でもＯＫ。昆布は利尻昆布、真昆布など、味と香りがよく、澄んだだしが取れるものを用意します。下のやり方で取ったのが一番だしです。

材料

水…………… 1 ℓ

かつお節…… 20～30ｇ

昆布………… 約10ｇ

1

鍋に水を入れ、昆布をひたす。冬は１時間半、夏は20分、春・秋は40分ほどおく。

2

1を弱めの中火にかけ、ゆっくり加熱すると鍋の内側にプツプツと泡がついてくる。

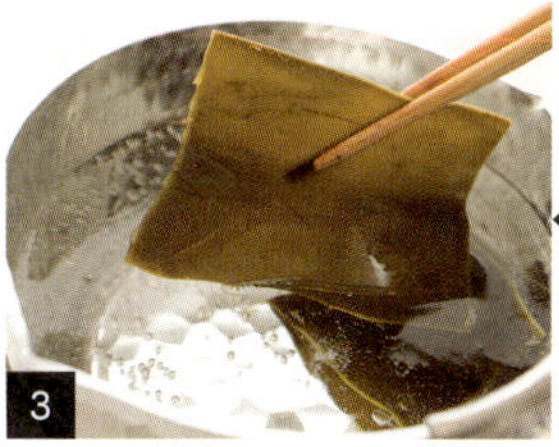

3

2の状態になったら昆布を引き上げる。

4

そのまま加熱を続け、沸騰直前にかつお節を入れる。火を止めて、そのまま数分おくと、かつお節が沈んでくる。

5

ボウルに漉しざるを重ね（またはざるに漉し布を敷いて重ね）、**4**を注いで漉す。

6

澄んだ色の一番だしが取れる。だしがらの昆布とかつお節を再度煮出すと、煮ものなどに使う二番だしが取れる。

かつお節だしパックを使ってもOK

時間がないときは、削りかつおの代わりに、かつお節を粉状にしただしパックを使うと、漉す手間が省ける。だしの取り方は、水から入れて沸騰直前に火を弱め、２～３分加熱する。

味は学習によって記憶される

子どもの味覚は味の学習をしながら成長していきます。ではどのようにして学習し、記憶にとどめていくのでしょう。好き嫌いが生じる理由にも、味の学習が関係しているようです。

1 安全だとわかる学習

初めて出会った食べものを、五感を総動員して安全かどうかをチェックする学習。雑食系動物が行う本能的な警戒行動で、慎重な子どもは1回や2回では学習できない。くり返し食べさせたり、大人が食べるところを見せることで、安全だとわからせる。苦味と酸味はとくにハードルが高い。

2 嫌な体験を記憶にとどめる学習

ある食べものを食べたあとで、体調が悪くなる経験をした場合、その食べものの味や匂いを記憶にとどめ、嫌いになることがある。例としては、牡蠣に当たって嘔吐したような場合。酸味や苦味は脳が不快な信号としてキャッチし、「嫌い」スイッチを入れてしまう。

3 ある食べものを好きになる学習

体調が悪いときにたまたま食べて回復したような場合、体調の好転と食べものを関連づけて記憶にとどめ、その食べものを好きになる。

4 楽しい思い出、嫌な思い出と結びつける学習

雛祭りのちらし寿司、運動会の唐揚げなど、楽しい思い出と結びついた食べものは好きになる。逆に、むりやり口に入れられたり、怒られたときに食べていたものは嫌いになる。好き嫌いが生じる原因ともなるので、とくに幼児期には無理強いしないことが大事。

5 味の違いがわかるようになる学習

子どもにはあまり見られないが、豊かな食経験をもつ人が、料理を食べただけで、どこのシェフが作ったかわかるなど、味の違いが弁別できるようになる学習。

メソッド

4

おいしい！と感じる環境づくりをする

食卓を楽しい雰囲気に

早い段階から「取り分けメニュー」にするなど、手を抜けるところは抜いて、余力を食事が楽しめる環境づくりに向けましょう。大人も子どももストレスのないことが、おいしさの条件になります。

食事の場が楽しいと食の自立も進む

子どもの味覚には、「楽しい！」や「好き！」という感情が、密接に関係しています。食卓に座ったときに、楽しい環境がつくれているかどうかがポイント。場の雰囲気が楽しいと、苦手な食材でもつられて食べられたり、おいしく感じたり。とくに幼児期には心理的な要素や環境がおいしさにつながります。

離乳食や幼児食を大人用と別に作っていると、一日に6食も作らなくてはならず、疲れてしまいます。早い段階から、大人の料理から取り分ける方法にするなど、ストレスがたまらないようにしましょう。

幼児期に食べものを自分で食べる、学童期になって自分の食べものを自分で選ぶ、といった食の自立は、根底に「食事が楽しい」という思い出がないと成立しないのです。

メソッド

5

子どもの味覚を開花させる

適切な塩分濃度

	塩分濃度	
離乳期	0.5%	1歳半までは0.5%。大人の半分を目安にする。最初はだし味だけでよく、塩味は感じるか感じないか程度に。
幼児期	0.6~0.7%	1歳半～6歳くらいまでは0.6～0.7%。普通のみそ汁を少し薄めた程度が目安。汁ものは薄めて与える。
大人	0.8~0.9%	大人は血中塩分濃度と同じ0.8～0.9%の塩味をおいしいと感じる。これ以上にならないようにしたい。
外食	1.1~1.2%	外食やファストフードは、1.1～1.2%と濃くなっていることが多い。子どもに与える場合は薄める工夫をしよう。

塩分の多いものを食べ続けていると、舌の感覚が鈍り、五味を意識できなくなる。「最初はもの足りないけど、おいしく感じる味」のほうが、味覚は鋭敏になる。

味の経験が豊かなほど味覚はみがかれる

離乳期にはいろいろな食材を、幼児期になったらそれに加えて、いろいろな味を経験させましょう。いろいろな食べものの幅広い味が脳に記憶されると、味の違いがわかるようになったり、複雑な味が理解できるようになり、子どもの味覚は徐々に開花していきます。

　また、いろいろな味の料理を食べていると、自然にバランスのよい栄養素が摂取でき、結果的に健康な体がつくられます。子どもの好きなものや同じ食べものだけではなく、少しずつ変えてあげるだけも、旬の野菜の瑞々しいおいしさが味わえたり、味の経験は豊かになります。

　そのいっぽうで、食事は五味を意識した薄味を心がけます。塩分濃度に気をつけ、ほかの味覚に敏感でいられるようにしましょう。

味覚を開花させるコツ

味の経験はもちろん、食材に興味を持たせたり、五感に訴えかける言葉かけをするなど、食事中の大人の働きかけで子どもの味覚は大きく開花します。

たくさんの味を楽しませよう

たとえば旬の野菜には、甘味があったり、その野菜本来の味がしたり。栄養価や価格の面でもメリットがある旬の野菜を積極的に取り入れ、味の幅を広げよう。また、毎日同じもの出さないようにすることも大切（プチトマト、幼児用チーズ、ソーセージ、既製のふりかけなど)。味をマスキングする食品(P17参照）は控え､薄味を心がけること。同時に､すり込むべき味、ごはんとみそ汁などは習慣づけたい。いろいろな味を楽しめるようになると、食事がぐっと楽しくなる。

食材の違いを経験させよう

「お塩をかけたときとかけないとき、どっちが好き？」「バナナとみかん、どっちが甘い？」「きゅうりと納豆、噛んだときに音がするのはどっち？」など、ゲーム感覚で食べ比べをしてみる。違いを知ると好きな味が増え、幅広く味に興味が出てくる。

言語化させよう

味覚だけではなく、視覚、嗅覚、聴覚などを使って表現できるように、食卓で子どもとたくさんおしゃべりをしよう。「まる」「ほし」などの形の違いや､「とろっと」と「ぬめっと」､「ざくっと」と「さくっと」の違いなど、言葉が適切に使えるようにさせたい。

メソッド

6

子どもの味覚の弱点を補う

苦味や酸味は 甘味や脂肪味と組み合わせて

苦手な味は好きな味を加えることで克服。苦味のある丸ごとの小魚は、みりんじょうゆを絡めたり、甘味のあるさつまいもに酸っぱいレモンを加えて煮るなど、味に親しむきっかけをつくりましょう。

ヨーグルトで和える

ヨーグルトが苦手なら、甘味のあるかぼちゃと和えて、酸味をやわらげる。

ベーコンをプラス

苦味が残るほうれん草のポタージュは、ベーコンで脂肪味をつけて。

苦手な味も避けないで 感性に働きかける

子どもは苦味や酸味が苦手。赤ちゃんのうちは身を守るために、これらを避ける必要がありました。しかし、離乳期以降は大人の味覚に近づくうえで、徐々に苦手な味を克服していくことが課題になってきます。

苦味や酸味に慣れ親しませるには、子どもが好きな味、甘味や脂肪味などと組み合わせてみること。この方法は、意外に効果があります。

また、せっかく味の学習をしようとしているときに、それを邪魔する行為や刺激があると、味がわからなくなります。大人のよけいな言葉がけや音楽、食べものの辛味やえぐみなどがそうです。

味は五感で感じるものなので、感覚を鈍らせないようにしたいもの。味覚を育てることは、感性をみがくことでもあるのです。

味覚を妨害するものを排除しよう

子どもが食事に集中できるような環境を整え、食べものそのものの味をわからなくする添加物や香辛料などは、なるべく除外しましょう。食事のときに甘い飲みものや炭酸飲料を出すのもＮＧです。

音

食事中に、音楽やラジオがかかっていると集中できない。当然、テレビも消して。家族が周りでうるさくしているのも気になる。

言葉がけ

「早く食べなさい」は禁句。極端にほめすぎるのも、余計な情報を与えてしまう。ゆっくり味わいながら食べられるようにしたい。

情報

言葉がわかるようになると、「○○ちゃんはピーマンは嫌いだって」「テレビで苦いって言った」などと、耳からの情報に左右される。

香料、着色料

匂いの強い香料は味をマスキングしてしまう。着色料も人工的な味がしたり、色に目がいきすぎて、味をわからなくする要素になる。

辛味、渋み、えぐみ、温度

刺激の強い調味料を使ったり、渋みやえぐみのある食べものを与えるのはやめよう。熱すぎたり、冷たすぎるものも味を邪魔する。

メソッド

7

「好き嫌い」などにはルールを決めて苦手克服のチャンスをつくる

味の経験が積めるようなルールをきちんと実行

2歳くらいになると、好き嫌いが出はじめます。子どもの脳が、ある食べものを「嫌い」と判断するメカニズムを見てみると、不快な経験をすると、食べものを見ただけで無条件に不快回路が活性化します。しかし、そこにいろいろな経験や情報が加わると、対応できるようになります。

そのためには、「必ず一口だけは食べてみる」「おかわりは全種類を口につけてから」というようなルールづくりを徹底するしかありません。苦手なものでも食卓に出し続けることが大切。そのうちに、パクッと食べることがあるので、待ちましょう。

基本は、食べる種類は大人が決め、量は子どもが決めること。「食べなさい」ではなく、決めたルールをきちんと実行することが、もっとも効果的な好き嫌いへの対処法です。

TYPE 1

少食、ムラ食い

食べないときの盛りつけはとにかく少なめにし、苦手な食材は好きな食材と組み合わせたりして、食べられた喜びを実感させよう。ムラ食いは甘えもあるので心配しなくても大丈夫だが、ムラ食いも少食も、おやつで量を補充しないこと。親子で料理を作ったり、野菜を育てたりして、食べものに興味を持たせることも大切。

TYPE 2

食べすぎ

脳の満腹中枢が未発達な段階では満腹の感覚がわかりにくいが、3歳近くなると徐々にわかってくる。おかわりは白飯だけ、メインだけとするのではなく、少しずつ盛った全部の種類を食べ終わってからにする。品数、とくに野菜を増やして、たくさん食べた満足感を味わわせたい。

TYPE 3

だらだら食べ

1回の食事の量が足りていなくて、空腹感と満腹感の差が実感できていない可能性も。空腹を訴えても、おやつを際限なく与えないこと。食事に時間がかかり過ぎるようなら、椅子から降ろす、歯ブラシをさせて食事を終了するなど、メリハリをつける。

好き嫌いがある、ということ

「子どもに食べものの好き嫌いがある」という悩み、多いですね。私は好き嫌いのある子どもはズバリ、「感性の豊かな子」だと思います。食べものにはいろいろな味、形、匂いがあることに、きちんと気づくことができているから。私も子どもの頃ピーマンと玉ねぎが大嫌いでしたが、いつの間にか大好きになりました。そんなものだと思うのです。

私は講座で、子どもの好き嫌いをどうやったら克服できるのか、どうつき合っていくのがいいかを、みなさんにお伝えしています。それは日々、子どもの食と真正面から向き合うお母さんたちの心を軽くしたい一心からです。いっぽう、好き嫌いの一つや二つあっても、まったく問題ないとも思っています。栄養はほかの食材でカバーすればいいだけのこと。ただ、嫌いなものが多すぎて、世の中にはおいしい食べものがたくさんあるのに、「食べてみたい、チャレンジしてみたい！」という気持ちが持てなくなるのは、少しもったいない気がします。ですから、子どもがあるとき、ふと「食べてみようかな」と思ったときに、食べられる環境を作っておくことは必要です。

大切なことは、子どもの味覚が豊かになって、苦手だったものが自然と受け入れられるようになる日まで、気長に待つこと。決して無理強いしないことです。

そして、好き嫌いがとても多くて克服できない子もいる。そもそも、食べることに興味がない子もいる。でも、それはそれでいいじゃない。人生は食べることだけがすべてじゃありません。世の中には、食以外にもたくさんの楽しみと喜びにあふれているのですから。

何をどのくらい食べさせたらいいの？

1日3食の合計が25品目あればOK

朝昼夕の3食の食材を数えてみて、合計が25品目になるかどうかチェックしてみましょう。調味料も1品目に数えるので、案外ラクにクリアできます。25品目以上あれば、栄養が偏ることはありません。

食品の数え方（例）

白身魚のハンバーグ ……… 8品目

└── 白身魚、山いも、玉ねぎ、酒、バター、トマト、塩、にんにく

納豆のほうれん草和え ……… 5品目

└── 納豆、ほうれん草、しょうゆ、だし（昆布、かつお節）

玉ねぎのすりおろし ……… 0品目（ほかのと重なるので）

└── 玉ねぎ、だし、塩、しょうゆ

合計 13品目

1汁2菜を基本に

離乳期

幼児期

1汁2菜、1日25品目を基本にする

離乳期の目標の一つは、食材のレパートリーを増やすこと。モグモグが上手になって3回食に入ったら、1日に20品目は食事に入れるようにしましょう。離乳後期〜幼児期の基本は1日25品目です。おかずは1汁2菜を目安にしましょう。

朝昼夕の食事の分量は、4歳くらいまでは同じにし、4歳すぎたら朝食を少し減らしてもかまいません。朝食抜きだけはやめましょう。

食材はアレルギーがなければ、いろいろな季節の食材を積極的に取り入れます。3回食になったら、大人用からの取り分けに移行するのがおすすめ。そのほうが合理的だし、いろいろな食材と出会う機会が増えます。3章では取り分けのレシピをのせていますので、ぜひ参考にして作ってみてください。

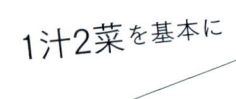

「ばかり食べる」
「まったく食べない」の対処法

幼児期には好き嫌いがあって当然ですが、あまりにも偏っていると心配になります。子どもの食嗜好を認めながらも、ちょっとした配慮をし続けていると、いつのまにか直っていることもあります。

白米

ばかり食べる

白米のおいしさは日本の食文化のおいしさなので、悪いことではない。栄養が心配なら、分づき米に変えてみる。白米＋既製品のふりかけの常食は控え、量をコントロールする。

まったく食べない

炊き込みごはんや混ぜごはんを食べたがるのは、まだ口の中でごはんとおかずを混ぜる「口内調味」ができないから。間隔を空けて、たまに白米を出してみよう。

肉・魚

ばかり食べる

肉や魚は体の肉や血を作るタンパク質。子どもの歯は穀類をすりつぶす臼歯が少ないことからも、肉や魚を多めにするのが自然。ただし、脂肪分の多い肉は摂り過ぎないこと。

まったく食べない

ひき肉は炊いた白米と混ぜて成形するとモサモサした食感が減る。または、葛粉でとろみをつけても。かたまり肉が嫌いなら、糀を加えて寝かせておくなど、やわらかくする工夫を。

野菜

ばかり食べる

野菜は体の調子を調えるミネラルやビタミンが豊富。穀類や肉・魚をまったく食べないのは問題だが、野菜をたくさん食べる分には、いろいろな味や食感に親しむメリットがある。

まったく食べない

野菜が嫌いな子は多い。刻んでだしで煮たり、スティック状にして手づかみ食べをさせるなど、ひと工夫を。図鑑や絵本で野菜の育ち方を見るのも、好きになるきっかけになる。

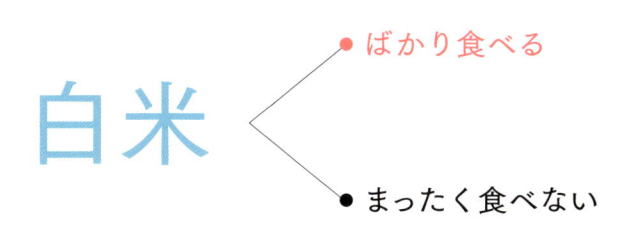

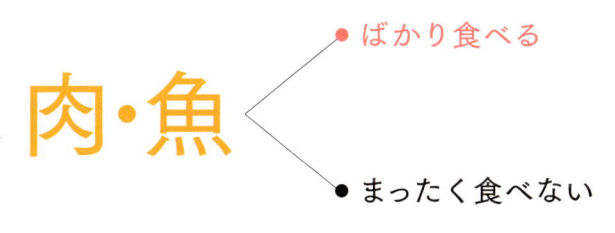

子どもに必要な栄養素は？

Fe
鉄分

血を作り、脳の発育を助ける

酸素を全身に運ぶ赤血球の成分、ヘモグロビンを構成する要素。脳の正常な発育を助ける働きもある。鉄が不足すると、軽い貧血や、知能指数や運動能力の低下がみられることもある。大事なのは、鉄の吸収率。緑黄色野菜や海藻類、貝類に含まれる鉄（非ヘム鉄）は吸収率が低いが、レバーや魚肉に含まれる鉄（ヘム鉄）の吸収率は高い。調理しやすい鶏レバーがおすすめ。

Zn
亜鉛

成長を助け、脳の働きを調整

成長ホルモンのもとになるタンパク質の合成に必要。また、脳内の情報伝達に関与する組織の働きを調整する。不足すると、骨が伸びなくなったり、味覚障害を起こしやすくなったりする。牡蠣、牛肉、レバー、ごまなど、広範囲な食品に含まれている。しかし、食品添加物のリン酸化合物があると、亜鉛を吸着し、排出してしまうことがあるので要注意。

脳と骨格に必要な4つを意識して摂る

乳幼児期にどのような栄養素を摂取したかは、その後の成長に大きく影響します。たとえば、背が高くなる遺伝子要素を持っていても、骨格形成にかかわる栄養素が5歳までにきちんと摂れていなければ、それほど伸びないかもしれません。また栄養状態は、脳の成長とも大きくかかわっています。

炭水化物、タンパク質、脂質、ミネラル、ビタミン、どの栄養素も生きていくうえで必要なものです。ここではもう少し細部に目を凝らし、意識して摂ってほしい鉄、亜鉛、カルシウム、脂肪（不飽和脂肪酸）について取り上げました。

この4つは、脳の発達や骨格の形成に欠かせないもの。これらの栄養素を含む食材を食べることで、全体の栄養バランスもよくなります。

脂肪
（不飽和脂肪酸）

脳の成長に必要

脳の60％が脂肪でできており、脳組織のほとんどが生まれてから１歳半までの間にできあがる。この時期に脳の成長に必要な、良質の脂肪（脂肪酸）を摂りたい。良質の脂肪酸とは、オメガ３系、オメガ６系と呼ばれる必須脂肪酸。意識して摂りたいのは、オメガ３系脂肪酸を多く含む魚のオイル、アマニ油、しそ・えごま油。魚のオイルには脳によい働きをするＤＨＡ、ＥＰＡが含まれる。アマニ油やしそ・えごま油はみそ汁など料理の最後に１滴たらすくらいで十分。とくにアマニ油は味のクセがなく使いやすい。酸化しやすいので冷蔵庫で保存し、加熱調理には使わないこと。

トランス脂肪酸はよくない？

植物油に水素を添加して固形にしたものがトランス脂肪酸。マーガリン、パンやお菓子の材料になるショートニングに多く含まれる。自然界に存在しないため、体内で分解しにくいと言われ、アレルギー疾患と関連があるという説もある。

Ca
カルシウム

骨や歯を作り、成長期に蓄えられる

骨や歯をつくるのに欠かせない栄養素。ほとんどが成長期に蓄えられ、大人になってからは失われるいっぽう。子ども時代になるべく多くのカルシウムを摂っておく必要がある。一日の摂取量は大人と同量の約800mgが望ましい。１歳以上で500mgを目安にし、牛乳や小魚で摂りたい。おかずにしらすを加えたり、塩分無添加の食べる小魚をおやつにしたり、粉状にひいてふりかけにするのもよい。

パパの味覚の育て方

「父親に好き嫌いが多く、子どもに影響しないか心配」「子ども中心の薄味にしているのに、パパは味の濃いものが好き」といった相談が数多く寄せられます。

味覚は遺伝よりも環境によって左右されるもの。子どもはふだん食べなれないものには警戒心を抱き、親を観察してその反応を注意深く見ています。親が「おいしい」と言って食べていれば、子どもも安心して口に入れることができ、それが子どもの好き嫌いを軽減します。

「子どもが嫌いにならないように一緒に食べてみようよ」とパパに声をかけ、食べてもらいましょう。また、食べるメリットとなる「栄養価が高い」「新鮮」「身体によい働きがある」などの情報をパパに提供してあげるのも効果的です。

「濃い味を好む」ことについてですが、通常の塩分濃度の料理では薄いと感じる人は、味覚が鈍くなっているのかもしれません。味覚の減退は亜鉛不足も考えられます。添加物の中には体内での亜鉛の吸収を妨げる成分もあるので、添加物を摂りすぎないよう、注意しましょう。

食事の際に、パパが携帯電話をいじっていたり、テレビを見たりしてはいませんか？　視覚や聴覚の情報も食べものに対する感覚を鈍くします。食事中は静かな環境で、パパにも参加してもらい、料理の中に何が入っているか、当てっこするのはいかがでしょう。会話を楽しむことは、親と子の味覚育てにつながります。

3章 味覚が育つレシピ集

これまで1章、2章で説明してきた「子どもの味覚の育て方」を毎日の食事で実践していきましょう。大人の食事と一緒に作る「取り分け方式」で五味を楽しみ、苦手な味を克服していけるレシピを紹介します。

3章で紹介するレシピの見方

- レシピはすべて取り分け方式です。大人用の作り方を基本にし、途中で離乳期、幼児期によって味つけを変えたり、切り方を変えたりがわかるように書いてあります。大人用は最後に食材をプラスするレシピが多くなっています。
- 離乳期用は、３回食がはじまった離乳食後期〜完了期（９か月〜１歳半）を想定しています。子どもの発達や離乳食のすすみ具合によって、ペースト状にしたり、形を小さくしたりしてあげてください。幼児用は１歳半〜５歳用ですが、分量は子どもの発育に合わせて加減してください。レシピの分量は、大人２人＋子ども１人を目安にしました。
- また調味料の分量は適宜調整し、くり返し作ってみて、それぞれの家庭の好みに合った「すり込まれた味のおいしさ」に仕上げてください。
- 火加減は、とくに表記がなければ中火で調理してください。
- 分量の表記は、１カップ＝200㎖、大さじ１＝15㎖、小さじ１＝５㎖です。

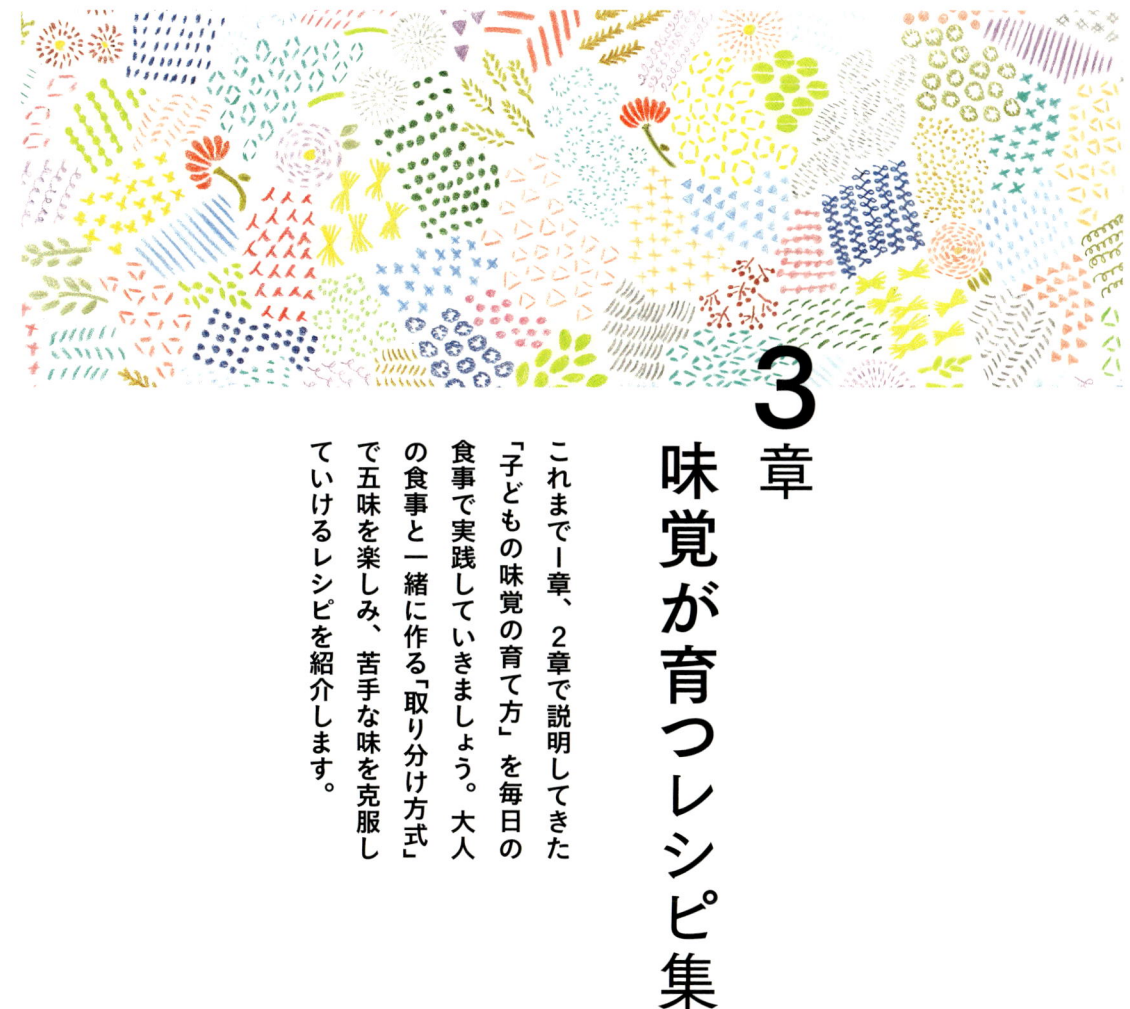

だしのうま味を生かす

だしのうま味を知ることは味覚のベースとなるもの。くり返し食卓に出して、「すり込まれた味のおいしさ」にしましょう。

トマトのだしサラダ

和だしとトマトのうま味がコラボ
酸味がまろやかに

材料 ［大人２人＋子ども１人］

トマト ……………… ２と1/2個
うち**離乳期**・**幼児期用**は1/2個
だし（一番だし）……… １と1/2カップ
しらす ……………… 大さじ２
しょうゆ …………… 少々
粉ゼラチン ………… 小さじ１
または 水溶き片栗粉か葛粉 …… 少々
青じそ ……………… ４枚
バルサミコ酢 ……… 小さじ１

作り方

1 粉ゼラチンを大さじ１の冷水で戻し、だしに加えて火にかける。ゼラチンが溶けたらしょうゆで調味する。これをバットなどに入れ、冷蔵庫で冷やし固めてジュレを作る。
2 トマトを湯むきする。**離乳期**用はタネを取って粗みじん切りにし、**幼児期**用は小さく切る。
3 ジュレが固まったらフォークで粗くほぐす。
4 器に**2**のトマトを盛って**3**のジュレをかけ、**幼児期**・**大人用**はしらすを散らす。**大人用**は青じそのせん切りを散らし、バルサミコ酢をかける。

POINT
ゼラチンは、まれにアレルギーが出ることもあるので、気になる場合は、水溶き片栗粉か葛粉でとろみをつけ、スープのようにしてあげましょう。

3
だしのジュレはフォークで固まりを崩す。トマトと混ざりやすくなって舌触りも良好に。

4
大人用はバルサミコ酢をかけて、フルーティーな酸味をプラス。

大人
幼児期
離乳期

だしのうま味を生かす

ふろ吹き大根

噛むとうま味がじわ～
大人だけみそをかけて

POINT

離乳期用は、食べにくいようなら、煮汁に水溶き片栗粉でとろみをつけ、食べさせてください。余った練りみそは、鶏そぼろのおにぎり（P76・78）、いり卵豆腐（P55）の味つけや、生春巻き（P48）のソースにも使えます。

材料［大人２人＋子ども１人］

大根 … 幅３～４cmの輪切り５切れ

煮汁
- だし ……… ２カップ
- しょうゆ … 小さじ1/2
- 塩 ………… ひとつまみ

練りみそ
- みそ ……… 40ｇ
- 酒 ………… 大さじ１
- だし ……… 大さじ３

卵黄 ………… 1/2個分
木の芽 ……… 適量

作り方

1 大根は厚めに皮をむき、面取りをし、裏面に十字の切れ目を入れる。

2 鍋に大根を並べ、米の研ぎ汁（分量外・またはお湯に米大さじ１を入れる）をひたひたに入れて、大根がやわらかくなるまで下煮する。

3 ２の大根をざるに上げて、水でさっと洗う。煮汁の材料を鍋に合わせてひと煮立ちさせる。

4 **離乳期用**は別の小鍋に3の煮汁をカップ1/2入れ、水70～80㎖を足して薄め、大根適量を入れて煮る。**大人**・**幼児期用**は、煮汁に大根を入れて煮る。**幼児期用**は味がしみすぎないよう、15分程度で取り出す。**大人用**は20分ほど煮たら火を止め、冷ましながら味を含ませる。

5 小鍋に練りみその材料を合わせ、中火で焦げないように練り混ぜる。火から下ろして卵黄を入れ、再び火にかけて練る。

6 **離乳期**・**幼児期用**は、大根をそれぞれ食べやすい大きさに切って盛りつける。**大人用**は大根に練りみそをかけて、木の芽をそえる。

だしのうま味を生かす

納豆みぞれ汁

大根の苦味がやわらいで
納豆もスルリとのどへ

材料 ［大人２人＋子ども１人］

納豆 ……………… ２パック
だし ……………… ２カップ
みそ ……………… 大さじ１
大根おろし ……… 大根５cm分
なめこ …………… １袋
刻みねぎ、のり … 各適量

作り方

1 **離乳期用**は納豆適量をみじん切りにし（または引き割りを使う）、なめこ適量は細かく刻む。

2 **離乳期用**のだし適量を鍋に入れて温め、１の納豆となめこを入れて、水気を絞った大根おろし適量を加え、みそをほんの少し入れる。

3 残りのだしを別鍋に入れて温め、残りの納豆となめこ、大根おろしを入れる。**幼児期用**としてみそ大さじ1/2を入れて溶き、取り分ける。

4 **大人用**は残りのみそを溶き入れ、煮立つ直前に火を止め、ねぎ、のりを散らしていただく。

POINT

納豆はひき割りを使うと、離乳期でも上手に食べられます。みそや納豆などの大豆製品は、脳が働くために必要なリジンを含むので、とくに朝食に取り入れるとよいでしょう。

だしのうま味を生かす

なすの冷やしうどん

なすにだしを含ませて
梅干しの酸味でさっぱりと

材料 ［大人２人＋子ども１人］

冷凍うどん … ２と1/2玉
なす ………… ２本
つけ汁
　だし ……… １カップ
　しょうゆ … 大さじ２と2/3
　みりん …… 大さじ２と2/3
しらす ……… 大さじ３
梅干し（甘めのもの）… ２個
白いりごま … 適量
青じそ ……… ４枚

作り方

1 なすは縦に数本切れ目を入れて、オーブンまたは直火で皮目をあぶる。身がやわらかくなったら、冷水につけて皮をむく。

2 鍋につけ汁のだしを沸かし、しょうゆ、みりんを入れてさっと煮立たせ、火からおろす。この中になすを入れて、外側から氷水を当てて冷ます。**離乳期**・**幼児期用**のなすは、味が濃くなりすぎないように５分くらいで取り出し、**離乳期用**は粗みじん切りに、**幼児期用**は食べやすい大きさに切る。

3 冷凍うどんは別鍋で、大人用は時間通りにゆで、ざるに上げて水で冷ます。**離乳期**・**幼児期用**はゆで湯にやわらかくなるまでつけておく。**離乳期用**は粗みじん切りに、**幼児期用**は食べやすい長さに切る。

4 **離乳期用**は、だし（分量外）につけ汁をほんの少し入れる。**幼児期用**のつけ汁は、倍量の水で薄める。

5 器にうどんを盛り、つけ汁を入れ2のなす、しらす、ごま、梅干しを盛りつける。**大人用**は青じそのせん切りを散らす。

POINT

つけ汁が濃くならないように注意しましょう。離乳期用は梅干しはナシでＯＫですが、塩分の少ない甘めの梅干しだったら、少し加えてもいいです。

だしのうま味を生かす

切り干し大根のスープ

だしのうま味をしっかり吸った切り干し大根に
ベーコンでコクをプラス

材料［大人２人＋子ども１人］

切り干し大根 …… ５ｇ
水 …………………… 1/2カップ
だし ……………… １と1/2カップ
しょうゆ ………… 小さじ1/2
塩 …………………… ひとつまみ
ベーコン ………… ５枚
さやえんどう（ゆでたもの）… ３枚

離乳期用

オートミール …… 大さじ１～２

作り方

1 切り干し大根は流水で洗い、分量の水につけてやわらかく戻しておく。ベーコンは適当な大きさに切っておく。

2 鍋にだしを温め、**1**を戻し汁ごと加え、しょうゆ、塩、ベーコン、細切りにしたさやえんどうを入れて火を通す。

3 **離乳期用**は**2**から取り分け、オートミールとともにミキサーにかけてポタージュにする。**幼児期用**は**2**の切り干し大根とベーコンを粗みじん切りにする。**大人用**は好みで塩を足していただく。

POINT

離乳期は切り干し大根が食べづらいので、ポタージュに。オートミールは和だしとの相性が抜群なので、とろみづけに便利です。ベーコンの添加物などが気になる場合は、鶏肉で代用してもかまいません。

酸味を克服する

子どもが本能的に苦手とする酸味は、食材によっていろいろ。手を変え、品を変え、多様な酸味に親しめるようにします。

きすの南蛮

つけ汁はだしを効かせて
酸味をマイルドに

材料［大人２人＋子ども１人］

きす（開いてあるもの）……… ８尾
小麦粉 ………… 適量
にんじん ……… 1/3本
青菜（小松菜またはほうれん草）… ２株
つけ汁
　だし ………… 1/2カップ
　砂糖 ………… 大さじ１
　しょうゆ …… 大さじ１と1/2
　酒 …………… 大さじ１と1/2
　酢 …………… 大さじ１と1/2
七味唐辛子 …… 少々
サラダ油 ……… 適量

作り方

1 小鍋につけ汁の材料を入れて火にかけ、沸騰したら火を止め。冷ます。
2 にんじんは縦４等分に切って、熱湯でやわらかくなるまでゆでる。**離乳期用**はゆでた1本をすりおろす。**幼児期**・**大人用**はせん切りにし、つけ汁にひたす。
3 青菜は熱湯でゆでて、食べやすい大きさに切り、つけ汁にひたす。
4 きすに小麦粉をまぶし、**離乳期用**は熱湯でゆでる。**幼児期**・**大人用**のきすはそのままフライパンに油を引いて焼く。
5 **離乳期用**は一口サイズにほぐし、つけ汁をほんの少し入れ、すりおろしたにんじんで和える。**幼児期**・**大人用**は汁につけて、**幼児期用**はすぐに取り出す。**大人用**は七味唐辛子をかけていただく。

POINT
同じ酸味でも、お酢、ヨーグルト、かんきつ類といろいろあり、苦手な酸味は子どもによって違います。お酢は揮発性の独特な刺激臭があって、それが苦手な子もいるので、火にかけて熱で飛ばし、食べやすくします。

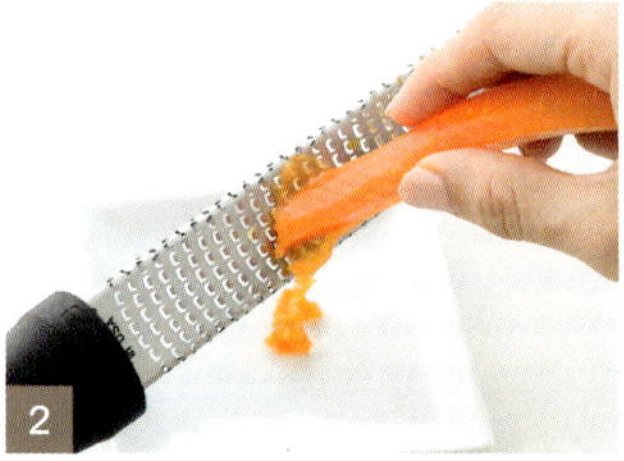

離乳期用のにんじんは、ゆでたものをすりおろし、最後にきすと和える。

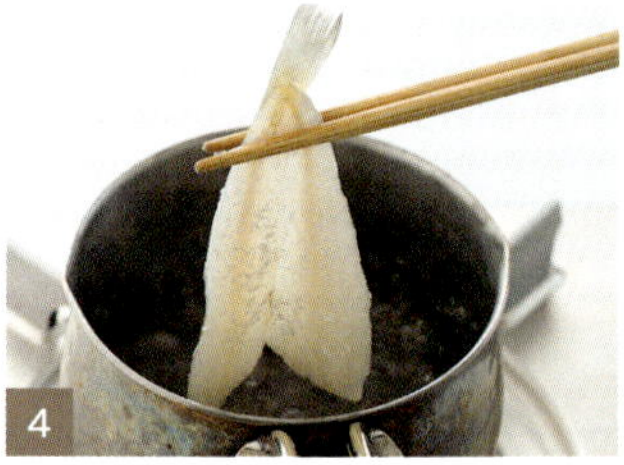

離乳期用のきすは油で焼かずに、ゆでて火を通し、つけ汁少々とにんじんで和える。

大人
幼児期
離乳期

酸味を克服する

かぼちゃのヨーグルトサラダ

自然な素材の甘味と
ヨーグルトの酸味をブレンド

材料［大人２人＋子ども１人］

かぼちゃ …………… 300ｇ
レーズン …………… 大さじ１
ヨーグルト ………… 大さじ１
メープルシロップ … 小さじ１
うち**離乳期用**は小さじ1/2
カレー粉 …………… 適量
アーモンド ………… ４粒
パクチー …………… 適量

作り方

1 レーズンはヨーグルトに10分ほどつけてやわらかく戻しておく。
2 かぼちゃは適当な大きさに切って、やわらかく蒸し、1/4量をつぶす。残りのうち適量を、**離乳期用**はみじん切りに、**幼児期用**は1.5cm角に切る。
3 つぶしたかぼちゃに**1**とメープルシロップ小さじ1/2を加え、よく和えて離乳食用に取り分ける。残りのメープルシロップを加えて和え、**幼児期**・**大人用**のソースにする。
4 **離乳期用**は、**2**のかぼちゃを**3**のソースで和える。**幼児期用**は、**2**のかぼちゃに**3**のソースとカレー粉ほんのひとつまみを加えて和える。**大人用**は、かぼちゃに**3**のソースとカレー粉適量を加えて和え、アーモンドとパクチーを散らす。

POINT
かぼちゃは蒸し器を使うか、耐熱容器に入れて軽くラップをかけ、電子レンジでやわらかく蒸します。カレー粉は離乳期には入れず、幼児期になったらほんの少し加えて、カレーの風味になじませましょう。

酸味を克服する

ブロッコリー・ラペ

やわらかくゆで
オレンジの甘い酸味をつけて

POINT

ブロッコリーの茎は、花蕾より甘味があるので、捨てずに加えると酸味をまろやかにします。ゆでた茎をすりおろすと、とろみづけにもなるので、離乳食におすすめ。

材料［大人２人＋子ども１人］

ブロッコリー …… 1/2個
オレンジの果肉 … 適量
ドレッシング
　オレンジ果汁（またはオレンジジュース）… 大さじ１
　塩 …………………… ふたつまみ
　ワインビネガー …… 小さじ1/4
　アマニ油 …………… 小さじ1/2
ゆで卵 …………… 1/2個
粒マスタード …… 適量

作り方

1 ブロッコリーは小房に分けて熱湯でやわらかめにゆでる。茎はとくにやわらかくゆでる。ドレッシングの材料を合わせる。
2 **離乳期**用にブロッコリーの花蕾と茎を少し取り分け、残りは小さく切ったオレンジと和える。
3 **離乳期用**は、**2**の花蕾にほんの少しのドレッシングを入れ、少量の茎をすりおろして加え、和える。**幼児期用**にも茎のすりおろしを加えると、甘くなり、酸味がやわらぐ。**大人用**は、ゆで卵を適当に切って盛り合わせ、粒マスターをかける。

苦味を克服する

苦味も子どもが嫌がる味。苦味に対してはとても敏感です。でも、調理のひと工夫で、苦味をやわらげることもできます。

レバーのごま塩焼き

臭みを取ってじっくりしっかり加熱
鉄分補給の一品に

材料 [大人２人＋子ども１人]

鶏レバー（カットされているもの）
…… 100ｇ
牛乳（下処理用）……… 適量
黒すりごま・塩 …… 各適量
白髪ねぎ・のり・しょうがじょうゆ
…… 各適量

離乳期用

だし ………………… 適量

作り方

1 鶏レバーはさっと洗って、牛乳に15分以上つけておく（または流水にさらしておく）。
2 鍋に湯を沸かし、プツプツとしてきた沸騰直前に、水気をきった**1**のレバーを入れる。沸騰しないように弱火にし、５分くらい加熱する。この間、途中で火を消したり、差し水をしたりして火加減を調節してもよい。
3 レバーに完全に火が通り、血の色がなくなったら、ざるに上げ、食べやすい大きさに切る。
4 **離乳期用**はだしでのばし、ハンディプロセッサーなどでペースト状にする。**幼児期**・**大人用**はごまと塩をまぶす。**大人用**は白髪ねぎ（長ねぎを極細く切る)、のりとともに盛りつけ、しょうがじょうゆを添える。

POINT

レバーは鉄分の補給に最適。ペースト状にすればソースにもなり、ゆでたいも類や葉もの野菜にかけると、おいしくいただけます。

1
レバーの臭みは、牛乳につけておくだけで解消。血のかたまりなども取り除く。

4
離乳期用はペースト状にして食べやすくする。幼児期は小さく切って、ごまと塩をまぶす。

大人
幼児期
離乳期

苦味を克服する

ほうれん草のポタージュスープ

玉ねぎの甘味とバターのコクで
クリーミーな味わい

材料［大人２人＋子ども１人］

ほうれん草 ………… １束
玉ねぎ ………………… 小１個
じゃがいも ………… １個
牛乳 …………………… 150mℓ
バター ………………… 10g
塩 ……………………… 小さじ1/2
カリカリベーコン … 適量
粉チーズ …………… 適量

作り方

1 玉ねぎは薄切りにし、じゃがいもは皮をむいて細かく切り、ほうれん草は適当に切る。

2 熱した鍋にバターを入れ、玉ねぎを弱火でゆっくり炒める。玉ねぎが透明になったらじゃがいも、ほうれん草を入れて炒め合わせる。

3 やわらかくなった2をミキサーにかけて、鍋に戻す。**離乳期用**を取り分け、塩ひとつまみと牛乳適量（分量外）を入れてのばす。**幼児期・大人用**は、分量の塩と牛乳を入れて温め、粉チーズとベーコンをのせる。

POINT

苦味のあるほうれん草は、玉ねぎ＆じゃがいもと一緒にポタージュにすることで、コンソメの素を入れなくても甘味のあるまろやかな味になります。ベーコンは小さく切って、フライパンで油を入れずに炒め、カリカリにします。

苦味を克服する

かぶのそぼろあん

だしで煮ることで
かぶの苦味がほのかな甘味に！

材料［大人２人＋子ども１人］

かぶ …………………… ３個
鶏ひき肉 …………… 80ｇ
しょうがのみじん切り …… 適量
サラダ油 …………… 適量
水溶き片栗粉 ……… 適量
合わせだし
　だし ……………… １カップ
　しょうゆ ………… 小さじ1/2
　みりん …………… 小さじ1/2
　砂糖 ……………… 小さじ1/2
　酒 ………………… 小さじ１
こしょう・しょうがのせん切り
……… 各適量

作り方

1 かぶは皮をむき、一口大に切る。合わせだしの材料を合わせておく。

2 フライパンに油を引き、しょうがのみじん切りを入れて温めたら、鶏ひき肉を入れてほぐしながら炒める。

3 ひき肉に火が通ったら、合わせだしを加え、かぶを入れて煮る。**幼児期用**は煮えたかぶを小さな型で抜く。**離乳期用**は、別鍋に合わせだしを50mℓ取り分け、同量の水を加えて、かぶ適量を再度煮る。これを小さく刻む。

4 **幼児期**・**大人用**の鍋に、水溶き片栗粉を加えて軽く火を通し、とろみをつけて器に盛る。**幼児期用**はとろみのついたひき肉入りの煮汁を少量かける。**大人用**は、こしょうをふり、しょうがをのせる。

POINT

かぶには苦味がありますが、しっかりゆっくり火を通すことで甘味を引き出せば、食べやすくなります。また、そぼろあんのうま味やのど越しのよさで、多少の苦味もおいしく感じます。

生春巻き

好きなものをくるくる巻いて
いろいろな食感を体験

食感を楽しむ

食感を楽しむことも、おいしさを感じるためには大切なこと。いろいろな食感を大人も一緒に楽しみましょう。

材料 ［大人2人＋子ども1人］

生春巻き用ペーパー … 7〜8枚
鶏ささみ ……………… 3本
春雨 …………………… 適量
きゅうり ……………… 1本
かんきつの果肉 ……… 適量
プロセスチーズ ……… 適量
パプリカ ……………… 適量
プチトマト（飾り用）など
好みの具材（ルッコラ、パクチーなど）
…… 適量
塩・アマニ油（またはオリーブ油）
…… 各少々

作り方

1 生春巻き用ペーパーは、パッケージ記載通りに戻しておく。
2 ささみはゆでて冷まし、春雨はパッケージ記載通りに水で戻してゆで、ざるに上げて冷ます。きゅうりは縦4等分し、かんきつの果肉は小さくちぎり、チーズは棒状に切る。パプリカは細切りにする。
3 1のペーパーを広げ、2の好みの具をのせて細長い形に巻く。

離乳期用はささみやきゅうりを、**幼児用**はささみ、きゅうり、パプリカなど、食べられるものを巻く。どちらも、具を塩や油で和えてから巻くと、食べやすい。**大人用**には、好みでルッコラやパクチーを入れると、香りや風味、苦味が楽しめる。

POINT
スティック状の生春巻きは、離乳期後半からの手づかみ食べの練習にもってこい。冷蔵庫にあるお好みの材料でできるし、子どもと一緒にくるくる巻くのも楽しいものです。

いんげんときくらげのごま和え

歯応えのよい野菜と乾物は
噛む練習にも

材料 ［大人２人＋子ども１人］

いんげん ………… ６本
きくらげ ………… ２枚
和えごろも
　砂糖 …………… 小さじ1/2
　しょうゆ ……… 小さじ1/2
　塩 ……………… ひとつまみ
　だし …………… 大さじ1
　黒すりごま …… 大さじ１

作り方

1 きくらげは水に戻し、**大人用**は適量をせん切りに、**離乳期**・**幼児期用**は残りをみじん切りにする。
2 いんげんは端の固い部分と筋を取り、熱湯でゆでる。**離乳期用**はやわらかくなるまでゆで、ざるに上げる。
3 和えごろもの材料を混ぜ合わせる。ころもを大さじ1/2取り分け、**離乳期用**はそこに水大さじ２を、**幼児期用**は水大さじ１を足して味を薄める。
4 **2**のいんげんを適当な長さに切り、熱いうちに**1**のきくらげを加えて**3**のころもで、それぞれを和える。

POINT
いんげんのゆで加減は、幼児も大人も同じで大丈夫ですが、幼児用は噛みやすいように、短かめに切ります。きくらげはみじん切りにして、ムリなく食感が楽しめるようにしましょう。

高野豆腐の卵とじ

やわらかい食感の中に
だしのうま味がじんわり

乾物を楽しむ

日本の伝統食材である乾物を楽しむことは、和食独特のおいしさ、奥深さを知ることにつながります。

材料 ［大人２人＋子ども１人］

高野豆腐 ……… ３と1/2枚
うち1/2枚は**離乳期用**
グリーンピース（ゆでたもの）
…… 適量
卵 ……………… １個
だし …………… １カップ
しょうゆ ……… 大さじ１
みりん ………… 大さじ１1/3

作り方

1 高野豆腐３枚は水につけて戻し、水気を絞って長さを半分に切り、６個にする。
2 **離乳食用**の高野豆腐1/2枚は戻さずにおろし金ですりおろす。
3 **離乳期用**は**1**の１個を５mmほどの小さな角切りにし、**幼児用**は１個を薄切りにする。
4 鍋にだし、しょうゆ、みりんを入れて煮立たせ、**大人用**の**1**の高野豆腐を入れてじっくり煮る。
5 **離乳期**・**幼児期用**は、小鍋に３の煮汁大さじ２を取り分け、水大さじ２を足す。煮立ってきたら、**3**の高野豆腐を入れて弱火でじっくり煮詰める。
6 **4**、**5**とも、高野豆腐がやわらかくなったら、グリーンピースを入れて、溶き卵を回し入れ、蓋をして１分したら火を止め、予熱で卵に火を通す。
7 **離乳期用**は最後にすりおろした高野豆腐を入れて加熱し、とろみをつける。**大人用**は好みで七味唐辛子をかけていただく。

POINT
高野豆腐は子どもの状態に合わせて、厚みを変えてあげましょう。また乾物の高野豆腐はすりおろして煮汁に加えれば、離乳期用のとろみづけになります。

POINT

もちもちっとした食感と桜えびの香ばしさが一緒に楽しめます。大根の辛味も、焼くことによって甘味に変わります。

干し桜えびの大根もち

もちっとして香ばしい
おやつのような野菜料理

材料［大人２人＋子ども１人］

大根 …………………… 1/3本
干し桜えび …………… 大さじ２
長ねぎのみじん切り … 大さじ２
片栗粉 ………………… 大さじ２
しょうゆ ……………… 小さじ1/2
サラダ油 ……………… 適量
辛子・しょうゆ ……… 各適量

作り方

1 大根はすりおろし、水気をきってボウルに入れる。桜えび、ねぎ、片栗粉、しょうゆを加えて混ぜ、成形する。**離乳期**・**幼児期用**は小さく、**大人用**は大きめの楕円形にする。

2 フライパンを熱して油を引き、**1**を並べて両面とも弱火で焼き色がつくまで焼く。**大人用**は、辛子としょうゆを添える。

肉・魚・卵を
楽しむ

急成長期の子どもには、肉、魚、卵のタンパク質が必要。野菜や豆腐と組み合わせて、複合的なおいしさを経験させましょう。

豚肉とたけのこのミルフィーユかつ

野菜と肉を一緒に楽しんで 大人ははさんで揚げ焼きに

材料［大人２人＋子ども１人］

豚薄切り肉 ………… ７枚（150ｇ）
たけのこの水煮 …… 1/2本
塩 …………………… 少々
卵 …………………… １個
パン粉 ……………… 適量
小麦粉 ……………… 適量
サラダ油 …………… 適量
梅干し ……………… １～２個
青じそ ……………… ４枚
クレソン・プチトマト（飾り用）
…… 適量

作り方

1 たけのこは薄切りにする。離乳期・幼児期用は、たけのこを２cm長さにして、豚薄切り肉で巻く。離乳期用はたけのこの穂先のやわらかい部分を使う。

2 大人用は豚薄切り肉６枚の両面に軽く塩をふる。豚肉１枚の上にたけのこ、半分に切った青じそを２枚のせ、再び豚肉、たけのこ、青じその順に重ねて豚肉をのせる。豚肉の周りをフォークで押し、形を整える。これを２つ作る。

3 離乳期用は１に小麦粉をまぶす。幼児期用は１に小麦粉をまぶし、溶き卵をくぐらせる。どちらも薄く油を引いたフライパンで焼く。大人用は、小麦粉、溶き卵、パン粉の順にころもをつけ、フライパンに油を足して揚げ焼きにする。

4 大人用はクレソンやプチトマトを添え、好みで梅干しをペーストにしたものをつけていただく。

POINT
タンパク源としてすぐれている豚肉と、繊維質のある野菜の組み合わせです。豚の薄切り肉ならやわらかくて、離乳後期には十分に食べられます。たけのこのような歯応えのある野菜を巻いて、噛む練習を兼ねましょう。

大人用は、はさんだ具がはみ出ないように周囲をフォークでくっつけ、揚げ焼きにする。

子ども用は、たけのこを豚肉で巻いて焼く。幼児期は卵をつけてフリッター風に。

大人
離乳期

肉・魚・卵を楽しむ

たらの中華蒸し

幼児用のたれは薄味に
大人は中華風の薬味を効かせて

材料 ［大人２人＋子ども１人］

たら（切り身）…… ３切れ
酒 …………………… 少々
青菜（小松菜またはほうれん草）… ２株
にんじん ………… 少量
合わせだれ
　しょうゆ …………… 小さじ2
　オイスターソース … 小さじ1/2
　酢 …………………… 小さじ１
しょうが …… １かけ
白髪ねぎ …… 長ネギ10cm分
粉花椒 ……… 少々
ごま油 ……… 大さじ１

作り方

1 たらは酒をふり、食べやすい長さに切った青菜とともに鍋またはシリコンスチーマーで蒸す。

2 合わせだれの材料を混ぜておく。**離乳期用**は、**1**のたら適量をほぐし、みじん切りにした青菜少量と和える。食べにくいようなら水溶き片栗粉（分量外）でとろみをつける。**幼児期用**は、合わせだれ適量を倍量の水で薄め、たらにかけ、短く切った青菜とゆでたにんじんを添える。**大人用**のたらには、合わせだれをそのままかけ、しょうがと白髪ねぎをのせ、花椒をふる。小鍋でごま油を煙が出るくらいまで熱し、仕上げにジュッとかける。

POINT

鍋を使って蒸すときは、水を２～３cm深さまで張り、鍋に入る皿の上に具材をのせて蓋をし、強火で蒸気を上げます。白身魚や野菜の蒸しものにお試しください。

肉・魚・卵を楽しむ

いり卵豆腐

バターで炒めて風味よく
大人用は味をプラス

材料 ［大人２人＋子ども１人］

絹豆腐 ………… １丁
卵 ………………… １個
バター・しょうがのすりおろし
…… 各適量
しょうゆ ……… 適量

POINT

離乳期用は、しょうがを入れずにいり卵を作り、細かくつぶせばＯＫ。幼児期でもおろししょうが絞り汁をほんの少し加えてみることで、独特な風味が出ます。

作り方

1 豆腐はキッチンペーパーなどで包み、まな板をのせて約15分おき、水切りをする。
2 フライパンを温めてバター少々を溶かし、**離乳期用**は**1**の豆腐適量を入れて炒め、取り出す。**幼児期**・**大人用**はバターを足し、しょうがのすりおろしを加えて、残り豆腐を炒める。
3 卵を溶いてしょうゆを加え、**2**に入れて軽く炒める。**離乳期用**は別の小鍋で溶き卵を入れて炒め、細かくつぶす。
4 **大人用**は、バターをのせて溶かし、しょうゆも好みで足していただく。

セロリのグラタン

月齢に合わせた切り方で
適度な歯ざわりを残して

野菜を楽しむ

幼児期の子どものほとんどが、何かしらの野菜を嫌がります。独特のクセをやわらげて、楽しめるように工夫しましょう。

材料 ［大人２人＋子ども１人］

セロリ …………………… ２本
好みのチーズ・パン粉
…… 各適量
りんご …………………… 適量
オイルサーディン …… 適量

POINT

香りと味にクセのあるセロリも、ゆでて焼くことによって甘味が出るので、離乳期でもみじん切りにすれば食べられます。チーズはクセがなく、焼くとクリーミーにとろけるものを選びましょう。

作り方

1 セロリは筋をピーラーでていねいにそぎ取り、5cm長さの短冊切りにする。塩少々を加えた熱湯で20分くらいゆで、ざるに上げる。
2 チーズはすりおろす。りんごは、**離乳期用**はすりおろし、**幼児期**・**大人用**はせん切りにする。
3 **離乳期用**は、１のセロリ適量をみじん切りにして耐熱皿に敷き詰め、２のりんごをのせ、チーズ、パン粉の順にふり重ねる。**幼児期用**は、１のセロリを食べやすい大きさに切り、セロリ、りんごの順に重ね、チーズとパン粉をふり重ねる。**大人用**は、オイルサーディン、１のセロリ、りんご、チーズの順に重ね、これをもう一度くり返し、パン粉をふりかける。
5 ４をオーブントースターでこんがりと焦げ目がつくまで焼く。

トマトすき焼き

トマトの酸味とだし味で
野菜の煮上がりがさっぱり

POINT
離乳期用は具を小さく切って、長いもはすりおろし、割り下も薄めます。甘さ控え目なので、大人用と幼児用は同じ味つけで大丈夫。お肉は火を通しすぎると固くなるので、最後に入れましょう。

材料 ［大人２人＋子ども１人］

トマト………… １～２個
牛肉…………… 100ｇ
長いも………… ７～８cm
えのき………… 1/2袋
しめじ………… 1/2パック
白菜…………… 1/8個
割り下
　だし………… 大さじ１
　しょうゆ…… 大さじ１
　砂糖………… 小さじ１と1/2
　酒…………… 大さじ１
バジル………… ８枚

作り方

1. トマト、牛肉、白菜は食べやすい大きさに切り、えのき、しめじは長さを半分に切る。**幼児期用**は具材を小さめに切り、**離乳期用**はさらに細かく切る。
2. 長いもは**離乳期用**に、大さじ１～２程度すりおろす。残りは食べやすい大きさに切る。
3. 割り下の材料を合わせる。
4. **離乳期用**は小鍋に割り下を大さじ１ほど取って入れ、水大さじ２を加えて**1**の具材を適量入れて煮る。とろみづけに長いものすりおろしを入れ、混ぜながら長いもに火を通す。
5. **幼児期**・**大人用**は、割り下をフライパンに注ぎ、具材を入れて煮る。**大人用**は、最後にバジルを入れ、さっと火を通していただく。

野菜を楽しむ

アスパラの白和え

野菜の食感を
豆腐の和えごろもでマイルドに

POINT

幼児期は見た目を嫌がる場合アスパラをスティックにして、豆腐ディップにつけて食べるようにすると、目先が変わって手をつけやすくなります。離乳期の手づかみ食べの練習にも。

材料 ［大人２人＋子ども１人］

グリーンアスパラ … ４本
豆腐 …………… 1/4丁
練りごま ……… 小さじ１
しょうゆ ……… 小さじ1/2
砂糖 …………… 小さじ1/2

離乳期用

砂糖 …………… ひとつまみ
豆腐 …………… 大さじ１

作り方

1 アスパラは熱湯でゆでる。うち**離乳期用**１本はやわらかめにゆで、粗みじん切りにする。

2 豆腐、練りごま、しょうゆをミキサーにかける。**離乳期用**に適量をとりわけ、砂糖一つまみを混ぜる。残りのものに砂糖小さじ1/2を加えて混ぜる。

3 **離乳期用**は**1**のアスパラと**2**に豆腐大さじ１を加えて味を薄めたもので和える。**幼児期用**は、アスパラを２cm長さに切り、**2**で和える。または、**2**をディップにして長さを半分に切ったアスパラを挿す。**大人用**は、アスパラに**2**をかけ、レモンの皮のすりおろし少々（分量外）をかける。

白和え

・豆腐 1/2丁 (150g)

◎さとう 大1
◎しょうゆ 大1 ※もっと少なくても。
◎ねりごま 大1と1/2

とけいじオススメ！

市販の調味料

離乳食、幼児食の味つけは、ごく薄味。だからこそ、素材の味が生きる調味料を使いたいものです。よけいな添加物がなく、子どもの味覚育てに役立つ市販品を選んでみました。おすすめの雑穀、ふりかけもご紹介します。

みそ

「手造り長谷川みそ」

麹の甘味が口にやさしく、風味満点。国産の有機大豆・有機米、海水塩だけを使用。(長谷川の山形仕込味噌)

米酢

「京あまり米酢」

ツンと来ないまろやかな味と香りは、長時間熟成のたまもの。添加物や化学調味料は一切不使用。(孝太郎の酢)

アマニ油

「omega3 organic flaxseed oil」

脳に必要なオメガ3系脂肪酸を55％含む。加熱せずに料理の仕上げに少量使う。(紅花食品)

かつお節だしパック

「鰹節と昆布のだしパック」

国内産荒節と北海道産昆布を細かくひいてパックに。１～２分煮出すだけで、天然のだしが取れる。(鰹工房)

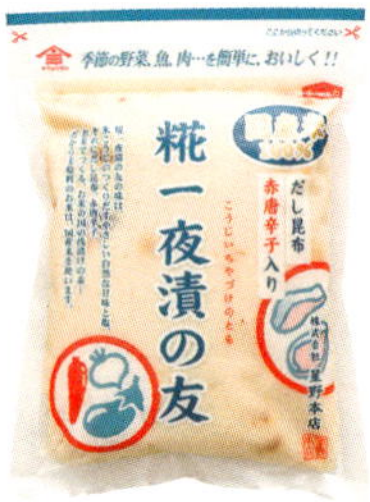

糀床

「糀一夜漬の友」

材料を漬け込むだけで、風味のよい薄塩味の漬けものが完成。肉や魚にまぶしておき、焼いても美味。(星野本店)

＋ごはんにプラス！

わかめのふりかけ

ふりかけは自然素材のものを選びたい。これは、わかめ、海水塩、白ごまが原材料。お湯を注ぐだけでわかめスープにも。(能登製塩)

＋お米にプラス！

アマランサス

タンパク質、カルシウム、食物繊維、鉄、亜鉛などの含有量が多い雑穀。白米に加えて炊けば、栄養価がぐっと高まる。(永倉精麦)

「　」＝商品名　（　）＝製造元、会社名

離乳期

POINT
離乳期用にごはんをやわらかくするときは、水だけでなく、だしを加えて軽く煮たほうが、おいしく食べられます。

幼児期

食がすすむごはん

白米を食べない時期には、炊き込みごはんや混ぜごはんを。でも、たまに白米を出すことも忘れないようにしてください。

にんじん すりおろしごはん

にんじんを入れて炊くだけで
甘味と色が魅力のごはんに！

材料［大人２人＋子ども１人］

白米 …………………… ２合
にんじん …………… 1/2本
昆布 …………………… 5cm
ごま油 ……………… 小さじ１
塩 ……………………… 適量

離乳期用

だし ………………… 大さじ１

作り方

1. 米を研いで炊飯器の内釜に入れ、そこへにんじんをすりおろして入れる。
2. **1**に塩ひとつまみ、昆布を入れ、目盛りの分量より少し多めの水で炊く。
3. にんじんごはんが炊けたら、**離乳期用**は適量を小鍋に移し、だし大さじ１を同量の水で薄めたものでおかゆ状に煮る。**幼児期**・**大人用**はごはん適量にごま油を小さじ１たらして混ぜ、**大人用**はさらに塩を足して調味する。

大人

＋ かいわれ

かいわれを添えて
苦味と食感をプラス。

大人

➕ 黒いりごま
せん切りしょうが

ごまとしょうがを
トッピング。
風味をつけて
ピリッとさせる。

さつまいも ごはん

甘味があるから大好き
ごはんにちょっと味をつけて

材料 [大人２人＋子ども１人]

さつまいも ………… 小１個
米 …………………… ２合
塩 …………………… 小さじ１
しょうゆ …………… 小さじ１
酒 …………………… 大さじ１
昆布 ………………… ５cm

離乳期用

だし ………………… 大さじ１

作り方

1 さつまいもはきれいに洗って、皮つきのまま小さめの一口大に切る。

2 米を研いで炊飯器の内釜に入れ、目盛より少し多めに水を入れ、**1**、しょうゆ、酒、昆布を入れて炊く。

3 **離乳期用**は、**2**を適量小鍋に移し、さつまいもの皮を除き、だし大さじ１を同量の水で薄めて加え、おかゆ状に煮る。**幼児期用**は、そのまま茶碗によそう。

離乳期

POINT

離乳期用は、炊き込んださつまいもの皮を取り、小さめに切って煮ると、いっそう食べやすくなります。

幼児期

離乳期

幼児期

POINT

炊き込まずに、具材を混ぜるだけなので、残りごはんでも手軽にできます。牛肉は固くなるので、火を通しすぎないように。ごはんが進まないときは、ほかの好きな具材でもお試しください。

食がすすむごはん

牛肉ときのこの混ぜごはん

うまみたっぷりの具は
調味料で味の濃さを加減

材料 ［大人２人＋子ども１人］

ごはん ……………… ２合分
牛肉 ………………… 150ｇ
えのき ……………… 1/4袋
しめじ ……………… 1/4パック
合わせ調味料
　だし ……………… 大さじ２
　しょうゆ …… 小さじ１と1/2
　オイスターソース … 小さじ1/2
　塩 …… 少々
サラダ油 …… 適量

作り方

1 牛肉は食べやすい大きさに切る。えのきは長さを３等分し、しめじは石づきを取ってほぐす。
2 油を引いたフライパンを熱し、1を入れて炒める。
3 2に合わせ調味料の半量を入れて味をつけ、**離乳期用**として取り出しておく。残りの合わせ調味料を加えて味を濃くし、**幼児期**・**大人用**にする。
4 **離乳期用**は、ごはんに薄いだし適量を加えておかゆ状～軟飯にして3を混ぜ込み、**幼児期**・**大人用**はごはんに3を混ぜる。

大人

＋ クレソン
焼きにんにく

ほのかな苦味と
にんにくの香ばしさが、
甘めの具の
アクセントに。

ごはんがすすむふりかけ

既製品のふりかけもいいのですが、自家製ふりかけは手軽に作れて、栄養たっぷりです。

※はちみつはボツリヌス菌が心配なので1歳までは与えない。

ひじきしらす

カルシウムを摂りたいならコレ！

材料 ［作りやすい分量］

ひじき …………… 大さじ1
しらす …………… 大さじ2
干し桜えび ……… 小さじ1
白いりごま ……… 大さじ1
塩 ………………… 少々

作り方

1. ひじきはよく洗って水で戻し、絞っておく。
2. 熱したフライパンに、具材をすべて入れて乾煎りし、塩少々で調味する。

じゃこくるみ

甘辛いたれを絡めて
2つの素材をミックス

材料 ［作りやすい分量］

ちりめんじゃこ … 50g
くるみ …………… 20g
はちみつ ………… 小さじ2
しょうゆ ………… 小さじ1/2
だし ……………… 小さじ1

作り方

1. はちみつとしょうゆを混ぜておく。
2. フライパンにくるみとじゃこを入れて火にかけ、少し焦げ目がつき、薄く色づくくらいまで乾煎りする。
3. **2**に**1**とだしを入れ、全体にからめたら火を止める。

お好みふりかけ

乾物や調味料から
好きなものをチョイスして、
ミルにかけるだけでできあがり！

作り方

1. 好みの具材３～４種類をミルにかける。または、すり鉢に入れてすりこ木でする。野菜のチップスなどは、少し歯応えがあったほうがよいので、手で小さくしてもよい。
2. 最後に塩で味を調える。塩は濃いめのほうが味はボケないが、多く入れすぎないように注意する。

幼児期からの手作りおやつ

幼児期以降の砂糖控えめの安心、おいしい、簡単おやつをご紹介します。子どもと一緒に作るのも楽しいものです。

豆腐入りみたらし団子

豆腐としらすでカルシウムをしっかり！
みたらしは葛粉でとろみをつけて

材料 ［作りやすい分量］

豆腐……………… 130g
白玉粉…………… 80g
しらす…………… 大さじ2〜5
みたらしあん
　本葛粉………… 小さじ1/2
　水……………… 大さじ2
　しょうゆ……… 小さじ2
　砂糖…………… 大さじ1
きなこ（好みで）…… 適量

作り方

1 ボウルに豆腐を崩し入れ、白玉粉としらすを加えて練り混ぜる。別のボウルに氷水を用意しておく。
2 鍋に湯を沸かし、沸騰したら1の白玉を丸く成形しながら入れる。浮いてきてしばらく経ったものから氷水に取る。
3 小鍋にみたらしあんの材料を入れて火にかけ、焦げないように混ぜながら火を通す。沸騰してしばらく経ち、色が透き通ってきたら火を止める。
4 2の白玉団子にみたらしあんとしらすをかけ、好みできなこをふっていただく。

POINT
しらすは、カルシウムを多く補給したいときは多めに、まろやかな食感にしたいなら少なめにと、お好みで調整してください。幼児期前期は、のどに詰まらせないよう、小さく切ってあげます。

材料［作りやすい分量］

ごはん……………120ｇ
しらす……………大さじ2
粉チーズ…………大さじ2
青のり……………小さじ1
ごま油……………適量

作り方

1 油以外の材料を混ぜ合わせ、平たい円形に成形する。
2 フライパンにごま油を薄く引き、**1**を並べて焼く、少し焦げ目がついたら裏返し、両面とも色よく焼く。

幼児期からの手作りおやつ

しらすのお焼き

残りごはんで手軽にできて
栄養たっぷり！

POINT
大人用はしょうゆをつけて両面を焼くと、焼きおにぎりのような香ばしい軽食になります。

幼児期からの手作りおやつ

バナナケーキ

ねっとりした食感と甘味が
子どもも大人もお気に入り

材料［パウンド型の小１個分］

バナナ …………… １～２本
薄力粉 …………… 90ｇ
ベーキングパウダー … 10ｇ
なたね油 ………… 大さじ１
ごま油 …………… 大さじ１
砂糖 ……………… 大さじ１
黒いりごま ……… 適量

作り方

1 薄力粉とベーキングパウダーは混ぜておく。

2 ボウルにつぶしたバナナ、砂糖、２種の油を入れてよく混ぜる。ここへ、**1**を加えてさっくり混ぜる（粉っぽいくらいでＯＫ）。

3 **2**を型に流し入れ、ごまをパラパラとふり、180度に熱したオーブンで15分焼く。竹串をさしてみて、中の生地がついてこなかったら、焼きあがり。

POINT

バナナは手でちぎり、軽くつぶして使います。甘くしたい場合は、バナナを多めに入れ、砂糖は増やさないようにしましょう。

幼児期からの手作りおやつ

炊飯器de 豆腐ケーキ

内釜への熱回りを利用すれば
ふんわり香ばしく焼ける！

材料 ［作りやすい分量］

豆腐 …………………… 90g
薄力粉 ………………… 100g
ベーキングパウダー … 10g
牛乳 …………………… 大さじ3
塩 ……………………… 適量
砂糖 …………………… 小さじ1
りんご ………………… 1/8個
クリームチーズ ……… 大さじ1
ラズベリー（好みで）…… 適量

作り方

1 炊飯器の内釜に豆腐を入れ、泡立て器でつぶし混ぜ、なめらかにする。
2 1に薄力粉、ベーキングパウダー、塩、砂糖を入れて混ぜる。これを泡立て器で混ぜながら牛乳を少しずつ入れ、ツノが立つくらいまでのばし混ぜる。
3 小さく切ったりんごとクリームチーズを入れ、ざっくり混ぜて、炊飯器の「普通」モードで焼き上げる。
4 内釜をひっくり返してケーキを冷まし、切り分ける。ラズベリーなど好みのフルーツを添えてもよい。

＊炊飯器の機種によって、焼き加減が違うこともあるので、焼けていなかったら、再度、炊飯してみるなど、ようすを見て調整してみましょう。

POINT
中の具は、さつまいも、かぼちゃ、小豆、黒豆、くり、バナナなど、お好みのもので。粉を牛乳で伸ばすタイミングで、ごま、きなこ、しらすなどを入れてもおいしいです！

とけいじオススメ！

市販のおやつ

毎日毎回、手作りおやつでなくても、既製品を上手に利用すれば問題ありません。砂糖や脂肪分の多いものは避け、カルシウムやタンパク質が補給できるものをあげましょう。ホットケーキの粉やドリンクも素材重視で選びます。

お魚チップス

「お魚チップス甘えび」

かまぼこの専門店が魚介すり身を原料にして作った無添加のチップス。比較的塩分控えめ。（別所蒲鉾店）

蒸し大豆

「有機蒸し大豆」

うっすら塩味がついていて、そのまま食べられる。大豆の栄養がたっぷり、おかずの一品にもなる。（だいずデイズ）

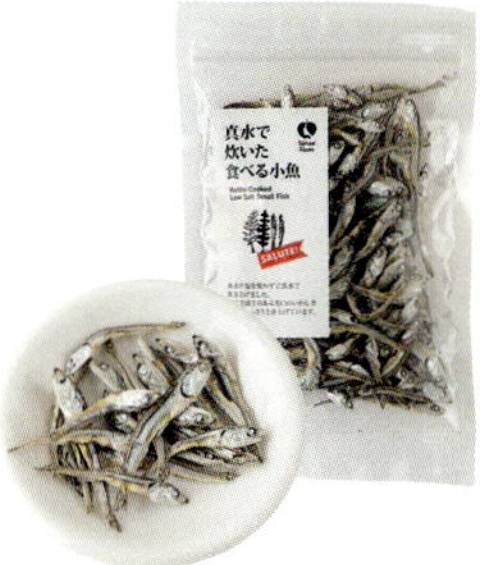

食べる小魚

「真水で炊いた食べる小魚」

海水や塩を使わず、かたくちいわしを真水で炊いて乾燥させたもの。噛む練習にも最適。（ナチュラルハウス）

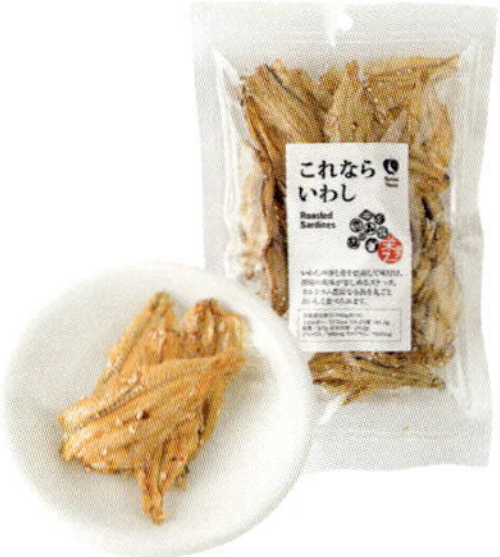

いわしスナック

「これならいわし」

いわしが骨ごと食べられてカルシウムの補給にぴったり。薄い甘辛の味で、うま味も十分。（ナチュラルハウス）

玄米菓子

「有機玄米ポン」

国産有機玄米を薄い塩味だけでポン菓子に。パフ状だから食べやすく、おなかにもたれない。離乳期にも向いている。（げんきタウン）

ホットケーキミックス

「お米を使った
ホットケーキミックス」

小麦粉を使わず、環境にやさしいクリーン農業による米の粉を使用。もっちりした食感に焼きあがる。（桜井食品）

玄米酵素ドリンク

「GEN－MY」

水と玄米だけで、香料や甘味料は無添加。酵素糖化製法で自然の甘味を引き出した「飲む玄米」。（ケイ・エス・ティ・ワールド）

「　」＝商品名　（　）＝製造元、会社名

幼児期からの
わくわくお弁当

お弁当は、「味覚を育てるレシピ」の集大成。栄養バランスはもちろん大切ですが、いろいろな食材や味を経験させるチャンスにもしたいもの。パパ＆ママも同じお弁当がいただけるよう、材料の分量は、大人２人＋子ども１人分にしました。

＋

＋

だしのうま味を楽しむ

だし卵

材料

卵 …………………… ２個
だし ……………… １カップ
しょうゆ ………… 小さじ１
塩 …………………… 少々

作り方

1 鍋にだし、しょうゆ、塩を入れて火にかける。ふっとうしてきたら、よく溶いた卵を流し入れ、箸でぐるぐる混ぜる。
2 卵がそぼろ状に固まってきたら、すくって巻きすにのせる。巻きすは汁受け用の皿に広げておく。
3 巻きすを巻いて成形し、そのまま冷やして余熱で火を通す。固まったら食べやすく切り分ける。大人は好みでしょうゆをかける。

食感を楽しむ

きんぴられんこん

材料

れんこん ………… 1/2節
砂糖 ……………… 小さじ１
しょうゆ ………… 小さじ１
酒 …………………… 小さじ1/2
白いりごま ……… 適量
サラダ油 ………… 少々

作り方

1 れんこんは皮をむき、縦４つに切ってから薄切りにする。フライパンに油を引き、れんこんを炒める。
2 れんこんに火が通ったら、調味料を入れて水分を飛ばしながら炒め、ごまをふる。大人用は好みで七味（分量外）をかける。

乾物を楽しむ

鮭のいそべムニエル

材料

鮭 …………………… ３切れ
のり（おにぎり用）… ３枚
小麦粉・バター … 各適量

＊甘塩鮭を使う場合は、1.1～1.5％の塩水に数時間つけ、塩抜きをする。

作り方

1 鮭は１切れを３つに切り、酒をふってしばらくおき、水分を拭いて小麦粉を軽くふり、のりを巻いて、再び小麦粉をふる。
2 熱したフライパンにバターを薄く引き、鮭を焼く。

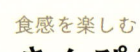

鮭のいそべ
ムニエル弁当

鮭はバターでソテーし、のりの風味をプラス。甘くないだし卵、しょっぱくないれんこんきんぴらを組み合わせ、素材のおいしさを覚えさせましょう。彩りにブッロコリーとオクラ、プチトマトを入れて。

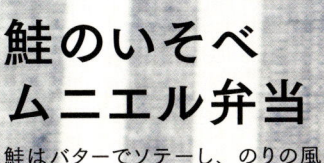

苦味を克服する

ほうれん草のいそべ和え

材料

ほうれん草 ……… 1/2束
焼きのり ………… ２枚
しょうゆ・だし・白いりごま
…… 各適量

作り方

1 ほうれん草は熱湯でさっとゆで、水にとって水気をきり、食べやすい長さに切る。
2 **1**をちぎったのり、しょうゆ、だし、ごまで和える。

＋

野菜と肉を楽しむ

くるくる野菜の豚巻き

材料

アスパラ ………… ３本
にんじん ………… 1/2本
豚薄切り肉 ……… 100ｇ
たれ
　しょうゆ ……… 小さじ１
　みりん ………… 小さじ１
　だし …………… 小さじ１
サラダ油 ………… 少々

作り方

1 アスパラとにんじんは、やわらかくゆでる。にんじんはアスパラの太さに合わせて棒状に切る。
2 **1**に小麦粉（分量外）を薄くふり、豚肉をくるくると巻きつける。再度、小麦粉を薄くふり、油を薄く引いたフライパンで焼く。
3 焦げ目がついたら、合わせたたれを入れてからめる。大人は好みでしょうゆ（分量外）をかける。

＋

乾物を楽しむ

干ししいたけのオムレツ

材料

干ししいたけ …… ２枚
玉ねぎ …………… 1/2個
なす ……………… 1/2個
牛ひき肉 ………… 80 ～ 100ｇ
卵 ………………… ２個
バター …………… ５ｇ＋５ｇ
塩 ………………… 少々

作り方

1 干ししいたけは水で戻し、軸を切ってみじん切りにする。玉ねぎ、なすもみじん切りにする。
2 卵はボウルの中で溶きほぐす。
3 フライパンにバター５ｇを引き、牛ひき肉を入れ、塩を加えて炒める。火が通ったら、**2**の中にこのひき肉を入れる。
4 フライパンに残ったバターで玉ねぎをしっとりするまで炒める。なすとしいたけを入れて炒め、**3**の卵液に入れる。
5 フライパンをきれいに拭き、バター５ｇを引いて卵液を流し入れ、蓋をして弱火で焼く。途中で裏返し、じっくりと火を通す。

POINT

園によっては、「お弁当には子どもの好きなものを入れてください」と指導されることがあります。完食する喜びを味わわせたいというのが、その理由のようです。しかし、お弁当は苦手な味の食べものを克服するチャンス。好きなものと組み合わせたり、味つけを工夫することで、「全部食べたよ！」となれば、子どもの味覚は大きく成長します。

くるくる野菜の豚巻き弁当

野菜をお肉で巻くと、どちらもおいしく食べられるし、見た目も切り口がきれい。ほうれん草はのりで和え、オムレツには干ししいたけを入れる、というように乾物を加えると、大人の味に近づきます。

離乳期・幼児期の
1日の献立例

離乳後期からは、1日3食がおいしく食べられるよう工夫したいもの。朝食は、ごはんが主食なら、前の晩の残りおかずをちょっとアレンジするだけでも大丈夫。1日の中で、五味や素材の食感が楽しめるよう、組み合わせを考えてあげましょう。すべて、大人用と一緒に作れるレシピです。

A

離乳期

幼児期

朝

しらすとろろの雑炊
だしのうま味を生かす

パプリカの甘酢和え
酸味を克服する

かぼちゃと牛肉の煮もの
だしのうま味を生かす、野菜・肉を楽しむ

朝の材料と作り方はP78

離乳期

幼児期

昼

れんこん団子のみぞれあん丼
食感を楽しむ

ブロッコリーの酢みそ和え
酸味を克服する

さつまいもとキャベツのみそ汁
だしのうま味を生かす

昼の材料と作り方はP78

夕

ぶりの幽庵焼き
魚を楽しむ、酸味を克服する

オクラ、コーン、トマトのおかか和え
野菜・乾物を楽しむ

具だくさんきのこのみそ汁
だしのうま味を生かす

●ぶりの幽庵焼き

材料と作り方

ぶり …………… 3尾
たれ
　だし ………… 大さじ1
　しょうゆ …… 小さじ1
　みりん ……… 小さじ1
　ゆずなどかんきつ類のしぼり汁 … 小さじ1/2

1　ぶりは酒、塩各少々（分量外）をふり、出てきた水分をきれいに洗って拭く。
2　たれの材料をまぜておく。**離乳期用**にたれ小さじ1を取って倍量の水で薄めておく。
3　フライパンに薄く油（分量外）を引き、ぶりを並べて両面を焼く。
4　**幼児期**・**大人用**の魚を取り出し、**離乳期用**の魚に薄めたたれをかけて、照りをつける。**幼児期**・**大人用**の魚にたれをかけて、照りをつける。

●オクラ、コーン、トマトのおかか和え

材料と作り方

オクラ …………… 4～5本
コーン缶 ………… 1/2缶
トマト …………… 1個
かつお節・しょうゆ … 各適量

1　オクラはやわらかくゆでる。**離乳期用**のオクラは粗みじん切りにしてよく叩き、粘りを出す。
2　トマトは粗みじん切りにする。
3　オクラ、トマト、コーン、かつお節、しょうゆを和える。

●具だくさんきのこのみそ汁

材料と作り方

好みのきのこ（えのき、しいたけ、しめじなど）
…… 適量
離乳期用はなめこを入れる
だし …… 2カップ
みそ …… 大さじ1

1　鍋にだしを入れて火にかけ、食べやすい大きさに切ったきのこを入れる。
2　きのこに火が通ったら、みそを溶き入れる。**離乳期用**はなめこを粗みじん切りにして多めに入れ、とろみにする。

B

朝

鶏そぼろのおにぎり
肉を楽しむ

にんじんとツナの酸っぱ炒め
酸味を克服する

つみれ汁
だしのうま味を生かす

朝の材料と作り方はP78

離乳期

幼児期

離乳期

幼児期

昼

白身魚のハンバーグ
魚を楽しむ

納豆のほうれん草和え
苦味を克服する

玉ねぎのすりおろしスープ
だしのうま味を生かす

昼の材料と作り方はP78

夕

鶏ひき肉まんじゅう
肉を楽しむ

山いものごま梅和え
食感を楽しむ

小松菜と豆腐のみそ汁
だしのうまみを生かす

●鶏ひき肉まんじゅう

材料と作り方

鶏ひき肉………70ｇ
じゃがいも……３個
バター・塩……各適量
牛乳・クリームチーズ……各大さじ1
小麦粉・卵・パン粉・サラダ油……各適量

1　じゃがいもは皮をむき、やわらかくなるまでゆでて水を捨て、水分を飛ばす。バターと塩、牛乳を入れ、なめらかになるまでつぶす。
2　鶏ひき肉を炒めておく。
3　**1**と**2**をボウルに入れて混ぜる。これを適量手に取り、クリームチーズ少量をのせて丸める。離乳期用の完成。
4　幼児期・大人用は**3**に小麦粉、溶き卵、パン粉の順にころもをつけ、揚げ焼きにする。

●山いものごま梅和え

材料と作り方

山いも………………10cm程度
梅干し（甘いもの）…１個
白すりごま…………適量
離乳期用
だし……大さじ２

1　山いもは皮をむき、太めのせん切りにする。離乳期用は粗みじん切りにする。
2　幼児期・大人用は、山いもを梅肉とすりごまで和える。離乳期用は、だしを小鍋で温め、山いもとほんの少しの梅肉、すりごまを入れ、かき混ぜてとろみを出しながら火を通す。

●小松菜と豆腐のみそ汁

材料と作り方

小松菜…………1/2束
豆腐……………1/2丁
だし……………２カップ
みそ……………大さじ１弱

1　鍋にだしを入れて温め、さいの目に切った豆腐と３cm長さの小松菜を入れてさっと煮る。
2　離乳期用は、ほんの少しのみそを入れて取り分ける。具材を粗みじん切りにして汁に戻す。幼児期・大人用は分量通りのみそを入れる。

A

朝

しらすとろろの雑炊

材料と作り方

だし … 1カップ　しょうゆ …… 小さじ1
塩 …… 少々　酒 …… 小さじ1/2
長いものすりおろし …… 150g
しらす、のり、青のり … 各適量
ごはん …… 人数分各適量

1 鍋にだし、しょうゆ、塩、酒を入れて温める。
2 離乳期用は1の汁50mℓを小鍋に取り、同量の水で薄めて温める。ごはんとしらすを入れて、おかゆ状にする。最後に青のりをかける。幼児期・大人用は、茶碗にごはんを盛り、長いもをのせて、1をかける。幼児用はのりをかける。

パプリカの甘酢和え

材料と作り方

パプリカ …… 1/2個　いんげん …… 6本
甘酢｜だし … 大さじ4　酢 … 小さじ2
　　｜砂糖 …… 小さじ1　塩 …… 少々

1 パプリカは細切りに、いんげんは筋をとってやわらかくゆでる。
2 小鍋に甘酢の材料を入れて温め、いんげんとパプリカを入れてさっと煮る。
3 離乳期用は、味がしみ込みすぎないように、すぐに取り出す。幼児期・大人用は、冷ましながら味をしみ込ませる。

かぼちゃと牛肉の煮もの

材料と作り方

かぼちゃ …… 130～140g
長ねぎ …… 1/2本　牛肉 …… 80g
だし … 1カップ　しょうゆ … 小さじ1/2
みりん … 小さじ1/2　酒 … 小さじ1

1 鍋にかぼちゃと長ねぎ、全部の調味料を入れて、やわらかくなるまで煮る。
2 1に牛肉を入れて、さっと火を通す。離乳期用はここで取り出し、食べやすい大きさに切る。食べにくい場合は、かぼちゃに水を加えてつぶし、とろみにする。幼児期・大人用は仕上げにしょうゆ小さじ1/2を足す。

昼

れんこん団子のみぞれあん丼

材料と作り方

団子｜れんこん … 150g　鶏ひき肉 … 140g
　　｜しょうがのすりおろし … 1/2かけ分
　　｜ひじき …… 小さじ1
　　｜酒・しょうゆ …… 各小さじ1
　　｜うち離乳期用は各小さじ1/2
片栗粉 …… 大さじ1と1/2
あん｜だし … 1カップ　本葛粉 … 小さじ1
　　｜しょうゆ・塩 … 各小さじ1

1 れんこんは1/3をみじん切りにし、残りはすりおろす。
2 団子の材料を離乳期用とその他に分けて混ぜ、よくこねる。鍋に湯を沸かし、団子の生地をスプーンで成形しながら湯に落とし、ゆでる。
3 小鍋にあんかけの材料をすべて入れて火にかけ、とろみがついたら、団子を入れてからめる。離乳期用はあんの少量を団子に塗る。

ブロッコリーの酢みそ和え

材料と作り方

ブロッコリー …… 250g
酢みそ｜みそ … 小さじ1と1/2　酢 … 小さじ1
　　　｜だし … 大さじ1　砂糖 … 小さじ1/2

1 ブロッコリーは小房にわけて熱湯でゆで、離乳期用が粗みじん切りに、幼児期用は小さめに切る。
2 酢みその材料を合わせ、ブロッコリーをあえる。離乳期用は、少量の酢みそ（分量外）であえ、さらにすりおろしたブロッコリーの茎（分量外）でとろみをつける。

さつまいもとキャベツのみそ汁

材料と作り方

さつまいも … 1/2本　キャベツ … 1/6個
だし …… 2カップ　みそ …… 大さじ1

1 鍋にだしと7mm角に切ったさつまいもとキャベツを入れ、やわらかく煮る。
2 離乳期用はやわらかくなったら火を止めて、みそをほんの少し入れて溶かし、取り分ける。幼児期・大人用は、残りのみそを入れて溶かす。

B

朝

鶏そぼろのおにぎり

材料と作り方

鶏ひき肉 … 150g　しょうゆ … 大さじ1/2
酒 …… 大さじ1　みりん …… 大さじ1/2
しょうがのしぼり汁 …… 小さじ1/2
サラダ油 …… 適量　ごはん・のり …… 適量

1 フライパンに薄く油を引き、ひき肉とすべての調味料を入れて炒める。
2 ごはんに1を混ぜておにぎりにし、のりを巻く。離乳期用はのりを大きくして包んでもよい。

にんじんとツナの酸っぱ炒め

材料と作り方

にんじん …… 1本 うち離乳期用は1/4本
ツナ缶 …… 1缶　酢 …… 小さじ1
だし … 小さじ2　しょうゆ … 少々

1 にんじんはせん切りにする。フライパンににんじんとだしを入れ、蓋をして蒸し焼きにする。しんなりやわらかくなったら、ツナと酢、しょうゆを入れる。大人用は好みでしょうゆを足してもよい。
2 離乳期用はにんじんをゆでてすりおろし、ツナ適量に酢としょうゆ各ほんの少々を混ぜたものと和える。

つみれ汁

材料と作り方

つみれ｜さば …… 240g
　　　｜しょうゆ・酒・みりん … 各小さじ1
　　　｜片栗粉 … 大さじ1と1/2
青菜…2株　だし…2カップ　しょうゆ…小さじ1

1 青菜はさっとゆでて、食べやすい長さに切る。離乳期用は細かく切る。
2 つみれの材料を合わせ、ハンディプロセッサーまたはミキサーにかける。
3 だしとしょうゆを鍋で温め、2をスプーンで団子状にしながら落としていき、火を通す。離乳期用は団子を小さくする。
4 椀に青菜と団子を入れ、汁を入れる。離乳期は最後に同量の水で薄める。

昼

白身魚のハンバーグ

材料と作り方

白身魚 …… 150g　山いも …… 70g
玉ねぎのみじん切り …… 1/2個分
酒 …… 小さじ1/2　バター …… 適量
トマトソース｜トマトのみじん切り … 1個
　　　　　　｜玉ねぎのみじん切り … 1/2個
　　　　　　｜塩・にんにく …… 少々

1 フライパンにバターと玉ねぎを入れ、弱火で透明になるまで炒める。
2 白身魚はみじん切りにし、ボウルに入れて、酒、1の玉ねぎ、山いものすりおろしを入れてよくこねる。
3 フライパンを熱し、2をスプーンで成形してのせ、両面とも色よく焼く。
4 トマトソースの材料を合わせて火にかけてソースを作り、幼児期用にかける。

納豆のほうれん草和え

材料と作り方

納豆 …… 3パック　ほうれん草 …… 3株
しょうゆ・だし …… 各適量

1 離乳期用の納豆はひき割りにする。ほうれん草はさっとゆでて、細かく刻む。
2 納豆、ほうれん草、だし、しょうゆを和える。

玉ねぎのすりおろしスープ

材料と作り方

玉ねぎ …… 1個　だし …… 2と1/2カップ
塩 … 小さじ1/2　しょうゆ … 大さじ1/2

1 鍋にだし、塩、しょうゆを入れ、玉ねぎをすりおろして入れ、弱火でこっくりと火が通るまで煮る。
2 大人は食べる前にしょうゆ少々（分量外）をたらしても。

4章 親子で育む食習慣

離乳期・幼児期に身についた、朝ごはんやおやつ、テーブルマナーなどの習慣は、将来に渡って〝よき習慣〟として定着します。神経質になりすぎず、でも忍耐強く、子どもと一緒に育みましょう。

離乳期に身につけたい食習慣

食事のマナーは各家庭でルールを決める

お行儀よく食べてほしいと思っても、食べもので遊んだり、席を立ったり……。食卓での子どものふるまいは、直すより予防するほうが簡単です。自宅では、ある程度自由にやらせてあげてもいいのですが、外食のときなどは困ることもあります。各家庭で食事のルールをつくりましょう。どんなルールにするかは、〝堪忍袋の緒〟と相談しながら、常識の範囲内で決めてください。たとえば、「○回イスから立ったら食事は終了する」というようなルールを決めたら、徹底することが大事です。

噛む習慣も離乳期から意識したいこと。噛む回数は2〜3歳までに決まり、それが大人になってからの噛む回数になります。しっかり噛んで食べるには、食卓にきちんと座ってゆっくり食べる環境が必要です。

離乳期に身につけたい２つの食習慣

噛む習慣

第１乳臼歯が生えてきたら幼児食に切り替える合図。繊維質の多い野菜や固いものも与え、噛む練習をさせよう。本格的に噛むことを習慣づけるのは、第２臼歯が生えてくる２歳半〜３歳。それまでは「もぐもぐしようね」などと声かけをし、まねさせる。まねしているうちに噛むことが意識できる。とうもろこしなどを前歯でかじり取る練習も必要。

座って食べる

足をばたばたさせたり、食べものをぐちゃぐちゃにしたりするのは、どの子でもやること。外でやってほしくないのは、食べものを投げたり、勝手にどこかへ行ってしまうこと。エプロンをつける、遊ぶ場所と食べる場所を分けるなどして、「いまは食事の時間」だと認識させ、座って食べられるようにしたい。家での習慣づけが外でのマナー違反を防ぐことに。

TRAINING

座っていられる工夫を！

じっと食卓に座っていられないのは、ひとつには空腹でないことが原因。そんなときはムリに食べさせず、食事を終了してもかまいません。つまらなそうだったら、飽きさせない工夫も必要です。

座る場所を変える

歩き出す前だったら、大人が座る場所を変えるだけでも、視界が変わって座っていられる。子どもの目の前にしたり横にしたり、変えてみよう。

好きなものを投入する

果物だとのちのち、それがもらえないと食べなくなってしまうので、しらすやごまなどの薬味、のりなどを。食事の分量を減らさずにすむものにしたい。

1品ずつ出す

コース料理の食べ方を見習い、1品ずつ出してみる。座っている時間を長くできるし、目先が変わると集中して食べてくれることも。好奇心や興味を持たせる演出も効果的。

ルールをつくる

食事は座ってするもの、という認識を持たせるために、○回立ったら食事終了というルールをつくる。回数は子どもを観察し、3分の2ぐらい食事がすむまでに何回立つかで決める。

子どもと一緒に育む幼児期の食習慣

朝ごはんはおかずを一緒に食べる習慣を

食習慣といえば、朝ごはんをどうするかで悩む、という方も多いでしょう。朝ごはんの必要性は、脳の働きとの関連を調べた複数の研究からも、明らかにされています。そして脳は、おかずを摂ったときにたくさん働くことがわかっています。

ごはん食にするかパン食にするかも迷うところです。どちらも血糖値を急激に上げないよう、大豆製品や野菜などのおかずと組み合わせること。血糖値をゆっくり上げるほうが脳の発達にいいからです。パン食の場合でも、ときどきごはん食にすると、おかずに変化がつけられます。

2歳から就学前までは、食の拒絶期にあたり、大変かもしれませんが、この時期に朝ごはんをきちんと摂る習慣を身につけておけば、学童期に入ってからはラクになります。

食嗜好の変化

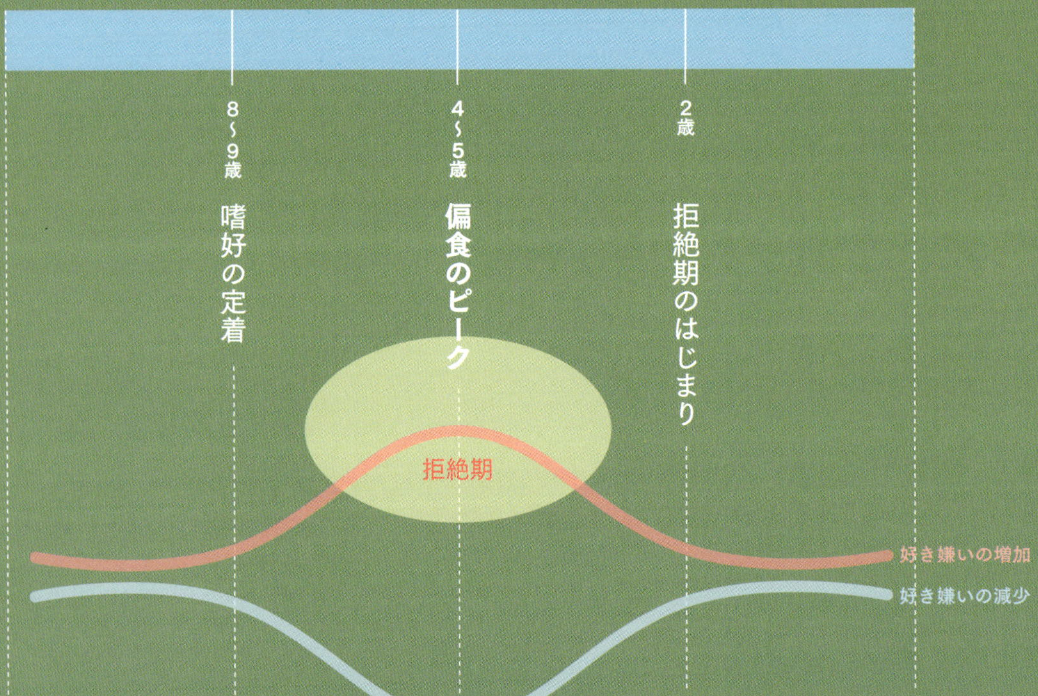

幼児期には嫌いなものが増えていき、4〜5歳が偏食のピークになる。食べなくても出し続けたり、楽しい雰囲気づくりをしたりして、気長に習慣づけをすすめよう。

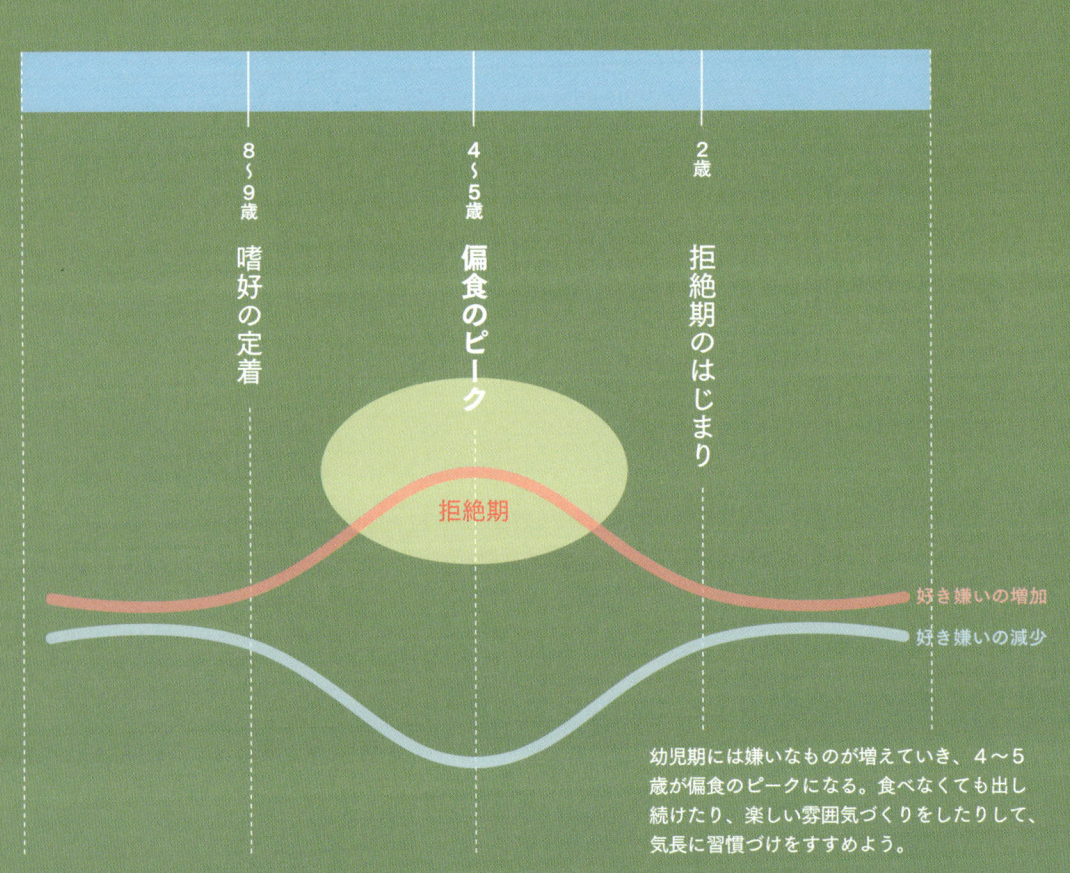

朝ごはんはなぜ大切なのか

朝ごはんを抜くと脳の働きは徐々に悪くなり、主食とおかずの朝ごはんを食べた場合は脳の働きがよくなる、という実験データがあります。おかずに含まれる栄養素が重要な働きをするからです。

新しい考え方

脳はブドウ糖だけでは働かない

同じ人を対象に、①朝ごはん抜き、②おにぎりのみ、③おかずのついた定食と、３タイプの朝ごはんを食べてもらい、午前中の脳の働きの推移を調べた。結果、①は脳の働きが徐々に悪くなり、②も①と大差なく、③はよくなった(＊)。このことから脳の神経細胞はブドウ糖だけでは働かないことがわかった。また他の実験では、朝食に栄養バランスのよい食事を摂ると、記憶や思考、集中力にかかわる脳の活動が活発化することもわかった（＊＊）。

従来の考え方

脳の栄養はブドウ糖

脳の栄養は炭水化物などの糖分が分解してできるブドウ糖。脳の神経細胞が働く際には、エネルギー源としてブドウ糖しか使うことができない。したがって、朝ごはんに肉や野菜をとっても脳は働かないと考えられており、炭水化物のごはんやパンを食べればいいとされていた。

＊2007年日本臨床栄養学会誌に掲載論文
＊＊東北大学川島隆太教授の追加実験

脳はおかずを摂ったときにたくさん働く

脳が働くためのエネルギー源となるのはブドウ糖で、ブドウ糖は細胞内で代謝します。その代謝を促進する栄養素を一緒に摂ると、脳はよく働きます。では、どんな栄養素が必要なのでしょう。

脳にはブドウ糖が働くための栄養素が必要

必須アミノ酸のリジン

体内で作ることのできない必須アミノ酸のうち、リジンはブドウ糖代謝を高める。大豆や魚、チーズ、高野豆腐などに多く含まれる。

- 大豆製品
- かつお節
- チェダーチーズ

ビタミンB1（水溶性ビタミン）

ビタミンＢ１は糖質がエネルギーに変わるときに補酵素の役目をしている。豚肉、玄米ごはん、うなぎ、かんきつ系果物に多い。

- 豚肉
- 玄米ごはん
- かんきつ系果物

リジン、
ビタミンB1、
大豆製品 と覚えよう！

朝食のおかずといっても、豆腐や納豆を加えて、夕飯の残りおかず１品を足すくらいで十分。おにぎりや菓子パン、野菜スムージーだけでは、脳は働かない。

主食はパン食？ ごはん食？

「朝食はごはん派」の子どものほうが、知能指数が若干高いという報告があります。理由はごはん食のほうが血糖値の上がり方がゆるやかだから。そのほうが脳の発達によい影響を及ぼすようです。

GI値（グリセミックインデックス）の考え方

血糖値をゆっくり上げたほうが脳は働く

- 血糖値の上がり方を数値で示したものがGI値。この数値が高いほど、血糖値は急激に上昇し、体にダメージを与えると考えられる。脳の発達のためにも、GI値の低い食品を摂るようにしたほうがよいと言われている。
- 主食を考えてみると、パン（精白）よりごはん（精白米）のほうがGI値は低い。ごはんの中でも、精白米より玄米のほうが低い。
- さらに、ごはんと一緒に食べるおかずを野菜や大豆製品にすれば、食物繊維が摂れ、GI値を下げることができる。ただし、GI値の低い食品は、消化に時間がかかるので、消化機能が弱っているときは控える。
- 幼児期にパン食の習慣をつけると、ずっとパン食が続く可能性が高い。分量や頻度を少し減らすなど、変化をつけてみるのもよい。

GI値を比べてみると…

同じ食品の仲間でも、胚芽のあるなし、糖質の成分量、原材料の違いなどによって、GI値が変わる。

[ ] の数値はGI値＝ブドウ糖の上昇率を100として相対的に表したもの。データを作成した機関によって、若干数値が違う。

精白パン [95]	＞	ライ麦パン [40]
ごはん（精白米）[70]	＞	玄米 [50]
じゃがいも [70]	＞	さつまいも [48]
バナナ [62]	＞	りんご [39]
チョコレートバー [70]	＞	アイスクリーム [36]

幼児期のおやつとのつき合い方

制限しすぎず、食べさせすぎず時間や量をコントロール

幼児期になると、既製品のおやつと出会う機会が増えてきます。家で禁止しているお菓子を友だちの家で食べたりもするでしょう。既製品を制限しすぎると食に対して神経質になってしまうことも。どこまで解禁していいのか、悩むところです。

子どもがほしがるままに甘いお菓子をあげるのは問題ですが、「家では食べさせないけど、人からもらったものはありがたくいただく」というように、多少は規制をゆるめてもいいのではないでしょうか。

注意すべきは量の問題です。おやつを食べすぎると、ごはんがすすみません。また、砂糖分が多いとカロリー過多になり、虫歯の問題も出てきます。おやつの時間や量をコントロールして、一日の中で「お楽しみタイム」として位置づけましょう。

砂糖の摂りすぎに注意！

砂糖や甘味料の入ったお菓子はやみつきになる。砂糖に脂肪を加えたものは、さらにやみつき度が増加。砂糖がたっぷり含まれる市販のヨーグルト、コーンフレーク、炭酸飲料や果汁入り飲料も要注意。

おやつの与え方のポイント

時間を決める

おやつはあくまで、食事の補食と考える。１歳すぎて朝ごはんがしっかり食べられるようになれば、無理に午前中のおやつをあげる必要はない。何回も食べていると空腹になる間がなく、食事が食べられない。食事時間もなるべくずらさないようにしよう。

おやつは１日の摂取カロリーの10～20%

１日のおやつのカロリーは１～２歳で100 ～ 200kcal、３～５歳で130 ～ 260kcal程度。既製品のおやつは、量は大人がコントロールし、種類は子どもに決めさせる。ちなみにクッキー２枚で100kcal、シュークリーム１個は170Kcal。

カルシウムを意識する

おやつの際にいちばん摂りたいのはカルシウム。吸収率の高い牛乳やチーズで摂るのが効率的だが、牛乳アレルギーなどの問題もあるので、乳製品だけに頼らず、小魚（しらす、ちりめんじゃこなど）を取り入れるようにしたい。

砂糖はなるべく避ける

砂糖たっぷりのお菓子は、糖質と脂質以外の栄養が摂れない。砂糖の代替品として、天然甘味料のアガペシロップ、メープルシロップ、はちみつ（１歳すぎから）などを使うのも手。きなこや黒ごまのペーストを利用するのもいい。

必要としていないときは与えない

車の中や来客中に、静かにしてほしいからといって、むやみにおやつを与えないこと。おなかがすいていないときに何かをだらだら口にする習慣が身につくし、カロリー過多の原因に。ほかのことで気を紛らわせる工夫をしよう。

子どもと一緒にクッキング！

簡単なことからはじめ食材に親しむチャンスに

「1歳をすぎたら一緒にお料理をしてみましょう」というと、びっくりするママがとても多いようです。もちろん、1歳代では包丁を上手に使うことができません。葉ものを洗ったり、ちぎったり、ビニール袋に材料を入れて混ぜたり、といった簡単なことからはじめましょう。

　あまり難しく考える必要はなく、「計量や細かい準備は事前にすべてすませておく」、「危ないことはくり返し教え、一緒に行う」という点さえ抑えておけばいいのです。

　料理をすると、食材の感触、匂い、温度など、ふだん食事をしているだけでは体験できないことを肌で感じることができます。また苦手な食材にも慣れ親しむチャンス。料理を食育の場ととらえ、ぜひ、子どもと一緒に楽しんでください。

1 卵と牛乳を入れて粉を入れます

こぼれてしまうのが怖くて、つい手を出してしまいがちだが、ぐっとがまん。ボールを押さえるなど、補助に回ろう。

ホットケーキを作ろう！

用意するもの、利用するもの

- 包丁

最初はテーブルナイフでもよい。
子ども用包丁があればベスト。

- まな板

材料が混在しないように大きめのものを選ぶ。

- 計量カップ

目分量ではなくカップで計る習慣をつける。

- 菜箸、おたま

最初はふつうのお箸、スプーンでＯＫ。

- 踏み台

イスだと不安定なので、
子どもが使える踏み台があれば、作業がしやすい。

親子で料理をするときの注意点

子どもの料理は、見守ることが何よりも大切。危険なことは教えてあげる必要があるが、なるべく手を出さずに、何かできたら小さなことでもほめて、感謝の気持ちを伝えるようにしよう。

2

混ぜ混ぜしてフライパンにポトポト…

多少生地がダマになっていても大丈夫。熱したフライパンが危ないことはくり返し伝え、生地を落とす作業は一緒にやってあげよう。

3

焼けたかな？

ホットケーキのサイズは小さく、薄めのほうが早く焼ける。焼けるのを待っている間、ホットケーキを題材にした絵本などで手順を確認するのもいい。

4

フルーツを切ります

刃渡り10～15cmくらいが子どもの手にはちょうどいいサイズ。まな板の下にぬれ布巾を敷くと、切る際にまな板がすべりにくくなる。

1歳からできるお手伝い

キッチン以外で

- **スーパーなどで､購入した食材をカゴから袋に入れる。**
- **野菜などを冷蔵庫に入れる**
  →このとき、絵本と見比べたりして、名前を教える。
  つるつる、ざらざら、冷たいなどの食感を経験させる。
- **食事ができたら、家族を呼びに行く。**

ビニール袋を使った調理

- **ポテトサラダや卵サンドの具など、材料と調味料をビニール袋に入れて結び､子どもにもんでもらい､味をなじませる。**

手を使う調理（脳の働きを活性化する）

- **こねる、丸める。床や低い机の上にシートを敷き、ピザ生地などのタネをこねる。パン生地などを丸める。**
- **ちぎる。少し手本を見せ、ボウルに入れた葉ものをちぎる。**
- **にぎる。ラップでごはんやポテトを包み､茶巾のようににぎる。**
  →遊びとの区別をつけるために、きちんと手洗いをし、
  エプロンをつけてはじめよう。

5 フルーツをのせます

途中で味見をするのも大歓迎。あまり口出しせず、自由に盛りつけをさせてあげよう。卵や野菜で飾りつけてもOK。

6 メープルシロップをかけてできあがり！

メープルシロップは勢いよく出るので要注意。でも、失敗しても気にしないこと。幼児期に入ったらはちみつを使ってもよい。

7 おいしいね！

全行程をほぼ自分でやることで得られる満足感は格別。「一緒に作るとおいしいね」と声をかけ、作る楽しみを実感させてあげたい。

2歳以降のお手伝い

お米を研ぐ

炊飯器の内釜で研ぐのは難しいので、ボウルとざるで研いでみる。

フォーク、スプーンなどで混ぜる、お箸で和える

なれてきたら、ほうれん草のごま和えのような工程が少ない調理をまかせてみる。最初から最後まで自分でやることで、大きな満足感が得られるはず。

包丁を持つ、切る

最初に包丁の握り方、食材の置き方、切り方をしっかり教え、親がそばについていること。
最初はテーブルナイフで、慣れてきたら刃渡り10～15cmの包丁で。切れない包丁は力を入れすぎる危険があるので、気をつけて。
はじめは蒸したかぼちゃなど、簡単に切れるものからスタート。滑りやすいもの、丸いものは、ある程度切っておくとよい。

とけいじコラム③

子どもと一緒に外食をしよう！

忙しいママにとって毎日の食事作りは最大の課題。ときには外食や、できあいのものを買って来る「中食」ですませたい、と思うのも無理はありません。でも中には、子どもに手料理ではなく、外食や中食を与えることに、罪悪感を抱いている方もいるのではないでしょうか。

しかし視点を変えてみると、外食・中食は食べなれた味以外の、新しい味を知るチャンス。そして、調理やあと片づけの時間が省ける分、子どもとゆっくり向き合って食事をすることができます。

外食・中食で頭に入れておいてほしいのは、脂肪と塩分が強くなるということ。中食の場合は、たれやスープを捨て、たとえば、ポテトサラダにヨーグルトを足したり、青菜のごま和えには山いものすりおろしを加えるなど、食材を1品足して栄養価を上げ、塩分濃度を下げます。

外食でのキッズメニューは味つけを薄くしている場合もありますが、たいていは「子どもの好きなもの」です。できれば行きつけのレストランを作り、お店の迷惑にならない範囲で、「油や塩を控えめで」「薬味は別盛りで」とお願いしてみましょう。そうすれば、大人の料理から取り分けることができ、新しいメニューや味を楽しむことができます。

また、外食の前後の朝食は具だくさんのオムレツにするなど、食材の数を多くするようにしてください。罪悪感を感じることなく、外食を楽しみましょう！

子どもの食事の悩みQ&A

離乳期から幼児期まで、子どもの食事にまつわる悩みは尽きないもの。
市販品とのつき合い方、食事のしつけ、
気になる食材の扱い方など、質問にお答えします。

Q 旅行のとき、離乳食はどうすればいい？

8か月になったので、旅行に連れて行こうと思っていますが、食事のことが心配。まだ固いものは食べられないので、やわらかくしてあげたいのですが……。

A お米をおかゆにしてくれるスープジャーを持参して

全日程分の離乳食をすべて既製品でそろえ、持参しようとすると荷物が増えてしまいます。少なくとも主食のおかゆが旅先で手に入ればいいのですが。そんなとき便利なのが、スープを入れて持ち運ぶ、保温性の高いスープジャー。夜にお米を少量入れて、沸騰したお湯を注いでおくと、翌朝にはおかゆになっています。ここに旅先で調達した食事の中で、子どもの月齢に合った味や、やわらかさのものを混ぜてあげるだけで、1食分クリアできます。

Q 市販のレトルト離乳食の与え方は？

家で仕事をしているので毎日があわただしく、離乳食を作れないときがあります。市販のレトルト離乳食をあげてもいいでしょうか？　また、その際の注意点はありますか？

A 蒸し野菜を足すなどして栄養面で工夫してみよう

市販のレトルト離乳食に抵抗を感じる方も多いようですが、私は、お母さん以外の味を知ることのできる貴重なチャンスだと思っています。レトルト離乳食は味が濃いと感じてしまいがちですが、それはだしを効かせているからで、塩味が強いわけではありませんのでご安心を。忙しくてレトルト離乳食をあげる頻度が増えてしまう場合は、蒸し野菜を1品足して栄養価を上げてみたり、メニューが偏らないように工夫してあげてください。

Q 市販の野菜ジュースやフルーツはどのくらいあげる？

市販の野菜ジュースやフルーツはどのくらいの頻度であげるといいのでしょうか。野菜は嫌いでも、野菜ジュースやフルーツなら食べてくれるので、ついついたくさんあげてしまいます。

A 野菜の栄養は野菜で摂り、フルーツは頻繁にあげない

市販の野菜ジュースは、野菜そのものに比べて体への栄養吸収率が低いので、できるだけ野菜の栄養は野菜から摂るようにしましょう。またフルーツは、とくに離乳期に好む子どもが多いため、ついあげたくなります。ですが、離乳期にフルーツを頻繁に与えていると、その後フルーツを最初に食べなければ他のものを食べないという子もでてきます。フルーツで飲みやすくしている野菜ジュースも同様です。どちらもあくまで嗜好品として捉え、あげるとしても食事終了したあとにしてください。

Q 手づかみ食べはさせたほうがいい？

1歳の子どもに、家ではスプーンでごはんをあげていたところ、保育園で「手づかみ食べをさせてください」と言われました。食べものがぐちゃぐちゃになるのが嫌なんですが……。

A 脳の発達にはよいけれど無理にさせなくてもＯＫ

手づかみ食べが推奨されるようになったのはわりと最近のこと。手づかみ食べの経験がないママも多いでしょう。自身の幼少期に手づかみ食べは食べものに興味を持つきっかけになり、脳の発達によいとされています。子どもがやりたがるようであれば、やらせてあげてください。ただし、食べものを投げたり、食卓が汚れたりすることが過度なストレスになるのであれば、無理にさせる必要はまったくありません。食べもので遊んでいる場合は、食事を終了しましょう。

Q 食べる量にムラがあるけど、完食させたほうがいい？

2歳ですが、全部食べるときとまったく食べないときがあります。食べる量が少ないと、栄養が足りているか心配になりますが、最後まで食べるように言い続けるべきでしょうか。

A 無理に完食させるより少しがんばる意識を育てる

離乳期・幼児期は、いろいろな味を経験する、食べることを楽しむことが大切です。完食させようとする親の態度に、子どもが苦痛を感じるようであれば、完食させる必要はありません。そもそも食べる量は子どもによって違います。もっとも、好きなものだけではなく、「もう少しがんばってみる」意識は大切です。実際に完食できなくても、「これとこれだけ食べてみよう」などと声かけをして、できたらほめてあげてください。

Q 食べるのが遅くてイライラしてしまいます

女の子なので食が細いせいか、食べるのが遅くて食べ終わるまで1時間近くかかってしまいます。「早く早く」と急かすのも、途中で終了するのもかわいそうな気がするのですが……。

A 遊んでいなければ大丈夫 言葉がけなどの工夫を

子どもの食事の目安は一食につき20～30分ですが、1時間近くかかっていても、遊ぶことなく食べ続けるのであれば問題はありません。むしろ時間をかけて食べているのは、きちんと噛むことができている証拠。ですが、途中で遊ぶようであれば、少し見直しが必要です。2歳くらいであれば、急かすのではなく、食事がスムーズにすすむように、「（お気に入りのキャラクターの）〇〇が食べてほしいって」と言葉がけをするなど、工夫してみましょう。

Q 生野菜、生魚を あげるときの注意点は？

生野菜や生魚は消化が悪いと思うのですが、どのくらいからあげても大丈夫でしょうか？ 衛生面も気になりますが、扱い方で注意しなくてはいけない点があったら教えてください。

A 生野菜は１歳くらいから 生魚は２歳くらいから

生野菜は、完了期（１歳が目安）に入ったら、最初は様子を見ながら、徐々に食べる量を増やしていきます。ミニトマトやきゅうりなど、アクの強くないものからはじめてみて。レタスや水菜のような薄いものは食べにくいので、きゅうりなどをサイコロ状に切ってあげるとよいでしょう。

生魚は、２歳くらいになったら、新鮮なものを少しずつあげてもかまいません。これも様子を見ながら増やしていきます。ただし、夏場などは食中毒に十分に気をつけて。

生野菜・生魚、どちらも苦手な子どもが多いので、食卓に出してなれ親しませることが大切です。

Q 夏場のお弁当、 傷まない予防策は？

気温が高くなると、お弁当のおかずが傷むのではないかと心配です。食材の選び方、火の通し方、保冷の仕方はどうすればいいのでしょう。いい方法はありますか？

A 水分に気をつけ、 しっかり冷やすのがコツ

水分や汁気は大敵です。トマトのヘタはきちんと外し、ブロッコリーのような水分がたまりやすい食材は注意します。完全に中まで火を通し、作りおきのものも再度加熱して、しっかり冷ましてから蓋をします。酢や梅干し、しょうが、カレー粉などは細菌が増えるのを抑えると言われています。アイスノンつきのお弁当箱もいいし、冷凍野菜を保冷材代わりに入れるのも手。お弁当箱自体をしっかり熱湯消毒し、よく乾かしておくことが肝心です。

とけいじ千絵（とけいじ ちえ）

「審食美眼（食に対する審美眼）を磨き、彩りある食生活を」をモットーに、『審食美眼塾』を主宰するフードアナリスト。企業の商品開発、飲食店のコンサル業務を経て、「味覚」に特化した食育に取り組む。現在は、講師、フードライターとして日本経済新聞、日経DUAL等各種メディアで活躍中。とくに、離乳期から味覚を育てることを目的とした講座は、募集開始から数分で毎回満席になるほど、予約の取れない講座として大盛況を呈している。全国フランチの会副会長、ジャパンフードセレクション審査員。
とけいじ千絵　公式ブログ「審食美眼」
http://ameblo.jp/healthandbeautytips/

アートディレクション・デザイン	吉村聡子（graff）
撮影	中川真理子
スタイリング	呉 奈津子
イラスト	にのみや いずみ
構成・編集	山中純子
企画・進行	宮崎友美子、打木 歩

参考文献

『子どもの味覚を育てる　ピュイゼ・メソッドのすべて』
ジャック・ピュイゼ著（紀伊國屋書店）
『子どもの食事』根岸宏邦著（中公新書・中央公論新社）
『ホットケーキで「脳力」が上がる』川島隆太著（小学館）
『味覚と嗜好のサイエンス』伏木 亨著（丸善）
『人間は脳で食べている』伏木 亨著（ちくま新書・筑摩書房）

商品の問い合わせ先

p59

長谷川の山形仕込味噌	☎ 023-622-4695
孝太郎の酢	http://koutarou-su.com
紅花食品	http://www.benibana.jp
鰹工房	☎ 054-357-6675
星野本店	0120-17-1530
永倉精麦	0120-146-161
能登製塩	☎ 076-280-3322

p69

別所蒲鉾店	☎ 0853-53-2200
だいずデイズ	0800-100-8682
ナチュラルハウス	0120-03-1070
げんきタウン	http://www.genkitown.com
桜井食品	http://www.sakuraifoods.com
ケイ・エス・ティ・ワールド	http://www.kstnature.com

＊ホームページ記載のところは、ホームページの「お問合せフォーム」より、お問合せください。

毎日のごはんで、
心・からだ・味覚の発達を促す

0～5歳 子どもの味覚の育て方

2016年6月25日　初版第1刷発行

著　者　とけいじ千絵
編集人　宮崎友美子
発行人　穂谷竹俊
発行所　株式会社日東書院本社
〒160-0022
東京都新宿区新宿2丁目15番14号 辰巳ビル
TEL：03-5360-7522（代表）
FAX：03-5360-8951（販売部）
URL：http://www.TG-NET.co.jp

印刷所　大日本印刷株式会社
製本所　株式会社 セイコーバインダリー

読者の皆様へ
本書の内容に関するお問い合わせは、手紙かメール（info@TG-NET.co.jp）にて承ります。
恐縮ですが、お電話でのお問い合わせはご遠慮くださいますようお願い致します。

Printed in Japan　ISBN 978-4-528-02104-4 C2077